LES

TRÉTEAUX

DE

CHARLES MONSELET

AVEC UN FRONTISPICE DESSINÉ ET GRAVÉ

PAR

BRACQUEMOND

PARIS

POULET-MALASSIS ET DE BROISE

LIBRAIRES-ÉDITEURS

9, rue des Beaux-Arts

—

1859

Traduction et reproduction réservées.

LES TRÉTEAUX

DE

CHARLES MONSELET

Typ. de Poulet-Malassis et De Broise

L'ACADÉMIE

L'ACADÉMIE

—

(*Dans la rue. Un candidat au fauteuil académique, — supposez M. Philarète Chasle, M. Cuvillier-Fleury, M. Jules Sandeau, M. Victor de Laprade ou M. Mestépès, — solennellement vêtu de noir et cravaté de blanc, s'introduit avec précaution dans un coupé. L'air est pur; le candidat est soucieux.*)

LE CANDIDAT. — Cocher, à l'heure; il est midi.
LE COCHER. — Où allons-nous?
LE CANDIDAT, *tirant de sa poche une longue liste et la parcourant*. — Chez M. Mignet? Non, plus tard.... M. de Vigny? il est à sa répétition de *Chatterton*... chez M. Villemain? Oui... Cocher! rue Mazarine, 3.
LE COCHER, *fermant la portière*. — Bien, monsieur.
LE CANDIDAT, *roulant*. — Le sort en est jeté! Académicien! je veux être académicien! Et pourquoi pas, après tout? Je ferai très-bien sous la coupole, avec un habit brodé de palmes. N'ai-je pas écrit des œuvres considérables, fortes d'idées et riches de style? Si je

n'ai pas moralisé les masses, c'est uniquement parce que je n'y ai pas pensé. Il faut se réserver quelque tâche pour ses vieux jours. Allons, l'Institut m'ira comme un gant !

(On arrive chez M. Villemain. Le secrétaire perpétuel de l'Académie française marche rapidement dans sa chambre, en dictant. Il ne s'arrête point à l'entrée du candidat.)

M. Villemain. — Ah ! ah ! c'est vous. Vous venez chercher mon dernier rapport. Il ne se distribue que chez moi, en effet. Le voilà. Vous vous portez bien ? *(Il marche.)*

Le Candidat. — Je vous remercie. Mais je viens pour autre chose encore...

M. Villemain. — Pour autre chose ? Dites-moi, êtes-vous fatigué ?

Le Candidat, *surpris*. — Non.

M. Villemain. — Dans ce cas, il vous doit être égal de causer en marchant ?

Le Candidat. — Absolument égal.

M. Villemain. — Marchons donc. Cela m'est imposé par mon médecin. A présent, qu'est-ce que vous voulez ?

Le Candidat. — Vous ne devinez pas ?

M. Villemain, *marchant*. — Du tout, du tout !

Le Candidat, *le suivant*. — Votre voix, illustre ami.

M. Villemain. — Ma voix ?

Le Candidat. — Pour un des deux fauteuils vacants.

M. Villemain, *marchant*. — Cela vous tient donc toujours?

Le Candidat, *le suivant*. — Plus que jamais.

M. Villemain. — C'est fâcheux !

> (*Il s'arrête. On connaît l'habitude de M. Villemain : il passe souvent la main sur sa tête ; quand il amène un cheveu blanc, il le jette avec humeur ; mais si c'est un cheveu gris, il le replace pieusement sur son crâne.*)

Le Candidat, *inquiet*. — Vous êtes donc engagé ?

M. Villemain. — Avec personne.

Le Candidat. — Eh bien! alors?

M. Villemain, *marchant*. — Ah! voilà. C'est assez délicat à dire ; j'essayerai cependant avec vous parce que vous êtes mon ami. Vous avez certainement beaucoup de talent, d'érudition et même quelquefois d'éclat ; mais toutes ces qualités sont déparées par un vice radical : en un mot, mon cher, vous n'avez pas la phrase assez longue.

Le Candidat, *le suivant*. — Pas assez longue !

M. Villemain. — Eh non! le rhythme et le nombre vous font défaut, vous n'arrivez presque jamais à l'harmonie qui est la première condition du style. Regardez ma phrase : comme c'est ample! comme c'est fleuri! comme les incidentes s'y déroulent aisément! là, c'est un fleuve ; plus loin, c'est une cascade. Et mes discours, les avez-vous présents à la mémoire? Ils sont machinés comme des planchers de théâtre : par-dessus, c'est tout uni, tout gazonné ; semblables à des personnages de ballet, on voit s'y poser, en se groupant, l'Elégance, le bon Goût, l'Allusion en robe de gaze.

Mais, par-dessous, que de trappes, que de poulies, que d'escaliers, quel appareil graissé d'huile et d'expérience ! Etudiez mes discours, mon cher, si vous voulez devenir éloquent. (*Il replace un cheveu gris.*)

Le Candidat. — Mais, illustre ami, vous oubliez que je ne fais pas de discours, moi. Je ne suis pas un professeur.

M. Villemain, *marchant*. — Tant pis pour vous.

Le Candidat, *le suivant*. — Je fais des livres.

M. Villemain, *marchant*. — Ce n'est rien, si vous ne savez pas les réciter.

Le Candidat, *le suivant*. — Ecoutez-moi !

M. Villemain. — Non. L'Académie a besoin d'orateurs ; elle est la dernière tribune. Vous n'avez ni organe, ni regard, ni bras. J'aimerais mieux donner ma voix à M. Mélingue qu'à vous. (*Il jette un cheveu blanc.*)

Le Candidat, *consterné*. — C'est votre dernier mot ?

M. Villemain, *marchant*. — Mon dernier ! Allons ! je suis plus abondant que cela, vous le savez bien.

Le Candidat, *renonçant à le suivre*. — Hélas !

M. Villemain. — D'ailleurs, qu'est-ce qu'un voix de plus ou de moins ? Allez chez Mérimée, il vous donnera la sienne ; c'est un auteur de votre école, il est concis, il ne dit rien de trop. Beau mérite !

Le Candidat, *avec un soupir*. — Adieu, donc.

M. Villemain. — Sans rancune, n'est-ce pas ? (*Il lui serre la main et y laisse un cheveu blanc.*)

> (*Le candidat remonte en coupé et se fait conduire chez M. Cousin. Le monologue qu'il exhale pendant le trajet nous paraît trop entaché d'injustice vis-à-vis de M. Villemain pour être reproduit ici. Le candidat ne trouve ni concierge, ni valet de chambre chez M. Cousin; il traverse de grandes salles enfumées, où des araignées du temps de la minorité de Louis XIV se balancent mélancoliquement au bout de longs fils poudreux. Enfin, il pousse la porte d'un cabinet obscur, encombré de robes, de carquois, de plumets, de dentelles, de nœuds d'épées, de hauts-de-chausses. Seul, dans ce cabinet, un homme, vieux encore, contemple avec attendrissement un portrait ovale. C'est lui, c'est M. Cousin.*)

M. Cousin, *rêveur*. — Qu'elle est belle!

Le Candidat, *s'avançant sur la pointe du pied, et toussant.* — Hum!

M. Cousin, *absorbé.* — La voilà bien, en costume d'Hébé, une coupe à la main, la gorge un peu bas placée, comme toutes les femmes de condition; les yeux ni beaux, ni grands, mais d'un éclat pareil à celui des turquoises; un nez camard, à rendre fou d'amour. Ces marques de petite vérole, semées çà et là, loin de diminuer le charme de sa personne, en relèvent au contraire l'éclat vainqueur. Sa taille...

Le Candidat. — Hum! hum!

M. Cousin. — Sa taille est haute et massive, comme il sied aux femmes qui ont la conscience de leur majesté. Il n'y a pas jusqu'à cette tache de lie de vin, qui...

Le Candidat. — Monsieur Cousin...

M. Cousin. — Qui va là? Est-ce vous, d'Hocquincourt?

Le Candidat. — Pas précisément. Je ne suis qu'un importun moderne... la pire espèce des importuns... un solliciteur.

M. Cousin, *distrait*. — Ah! la reconnaissez-vous? (*Il lui montre le portrait ovale.*)

Le Candidat. — Attendez donc...

M. Cousin. — Madame de Motteville en a menti! Regardez. Il n'y a aucune trace de cicatrice au sein gauche.

Le Candidat. — Aucune.

M. Cousin. — C'est une calomnie accréditée par le petit de Guiche; mais je le confondrai!

Le Candidat. — Et vous ferez bien... Vous savez qu'il y a deux places vacantes à l'Académie française?

M. Cousin. — Vraiment? Il faut les donner à M. le Prince et à Turenne.

Le Candidat. — Ah! non.

M. Cousin. — A qui donc?

Le Candidat. — A moi, grand philosophe.

M. Cousin. — Etes-vous protégé par Ligdamire?

Le Candidat. — Ligdamire?

M. Cousin. — C'est son nom de précieuse.

Le Candidat. — Je crois que j'aurai l'appui des *Débats* et du *Constitutionnel.*

M. Cousin. — Pouah! qu'est-ce que vous dites? Qui êtes-vous? Comment êtes-vous entré ici? Vous voyez bien que je travaille. (*Il baise le portrait ovale.*)

Le Candidat. — Excusez-moi, grand philosophe...

M. Cousin. — A qui parlez-vous? où voyez-vous un philosophe?

Le Candidat. — Comment, vous n'êtes pas...

M. Cousin. — Eh non ! mille fois non ! c'est mon ancien libraire Ladrange qui fait courir ce bruit. Je ne suis que l'humble serviteur des grandes dames de la Porte Saint-Antoine. (*S'adressant au portrait ovale.*) Chère ange ! je te ferai restaurer !

Le Candidat, *à part*. — Ce n'est pas un académicien, c'est Lindor.

M. Cousin. — Vous êtes encore là ?

Le Candidat. — Oui.

M. Cousin. — Vous êtes indiscret. Adieu, je me retire dans ma chambre à coucher. C'est l'heure où nous goûtons ensemble quelques instants de repos.

Le Candidat. — *Nous ?*

M. Cousin, *désignant le portrait ovale*. — Elle et moi. Croyez-vous que je voudrais la laisser seule ? Revenez un autre jour. J'aurai peut-être des renseignements nouveaux sur elle et sur madame de Montbazon. Défendez-la surtout ! (*Il sort et pose un doigt sur sa bouche, en signe de discrétion.*)

(*Chez M. Ponsard. Un palais de carton. Un confident essuie les meubles.*)

Ponsard.

Arbate, on a sonné. Sache, bon domestique,
Quel flot de visiteurs inonde mon portique.
Va, cours, vole et reviens.

Arbate, *annonçant.*

Un étranger, seigneur.

PONSARD.

Qu'il entre, par Junon !

LE CANDIDAT.

Monsieur, j'ai bien l'honneur...

PONSARD.

Fais savoir ta patrie et comment l'on te nomme.

LE CANDIDAT.

Je suis un candidat.

PONSARD.

On dit client, à Rome.

LE CANDIDAT.

Client, si vous voulez, monsieur Ponsard...

PONSARD.

         Vêtu
Comme tu l'es, mortel, de quel pays viens-tu ?
De quel mont ? de quel val ? de quel port ? de quel isthme ?

LE CANDIDAT.

J'arrive de Chaillot.

PONSARD, *avec dédain.*

Tu manques d'archaïsme.
Pourtant, prends un fauteuil.

LE CANDIDAT, *souriant.*

Celui de Salvandy
Ou celui de Musset ?

PONSARD.

Tais-toi, bouffon hardi !
Ou plutôt réponds-moi. Connais-tu mes ouvrages ?

LE CANDIDAT.

Je les appris par cœur.

PONSARD, *émerveillé.*

Vrai !

LE CANDIDAT.

J'ai tous les courages.

PONSARD.

Alors, que penses-tu de *l'Honneur et l'Argent ?*

LE CANDIDAT.

Un chef-d'œuvre !

PONSARD, *joyeux.*

Les dieux t'ont fait intelligent.
Et *Lucrèce ?*

LE CANDIDAT.

Un poëme égal aux plus beaux marbres !

PONSARD.

Horace !

LE CANDIDAT.

On le croirait signé : Néré Desarbres !

PONSARD, *inquiet*.

Ulysse, te plaît-il ?

LE CANDIDAT.

C'est un bas-relief grec.

PONSARD.

La Bourse...

LE CANDIDAT.

Ne renvoie aucun spectateur sec.

PONSARD.

En résumé ?...

LE CANDIDAT.

Le tout est simplement sublime.
Augier n'est qu'un plateau, vous êtes un cime.

PONSARD.

Eh ! que dirais-tu donc, ardent à me louer,
Si tu pouvais me voir dans mes pièces jouer !

LE CANDIDAT.

Quoi ! seigneur, se peut-il ? vous chaussez le cothurne ?

PONSARD.

Quelquefois, entre amis, quand vient l'heure nocturne.

Je voulais être acteur ; je m'y suis pris trop tard.
Peut-être aurais-je été Frédérick ou Tétard !
Aux eaux, le mois dernier, oubliant l'étiquette,
J'ai d'Alfred de Musset emprunté la raquette.
Pourquoi pas ? J'ai joué dans deux pièces, heureux
De donner la réplique à monsieur Pommereux !
Un incident a, seul, distrait mon auditoire :
D'un maillot trop fameux qui redira l'histoire ?
Achille vulnérable autre part qu'au talon,
Aix-en-Savoie a vu craquer mon pantalon.
Mais rien ne peut troubler une âme inaccessible,
Et j'obtins un succès, ce soir, d'*inexpressible*.

Le Candidat.

O grand homme ! ainsi donc il nous faut désormais
T'admirer doublement et par tes deux sommets !

Ponsard.

Mon hôte, ta louange est une riche estrade.
Tu n'auras pas ma voix : elle est à de Laprade ;
Mais puisque vers mon seuil t'a dirigé le ciel,
Suis-moi. Je veux t'offrir des gâteaux et du miel.

(*Ils sortent, suivis de deux esclaves thébains qui jouent de la flûte.*).

(*Chez M. Viennet. Les bustes de La Fontaine et de Boileau-Despréaux ornent l'antichambre. On y voit aussi le portrait de feu Dorlanges, représenté en spencer, par feu Valsain.*)

Une vieille servante. — Monsieur est chez lui, mais je ne crois pas qu'il puisse vous recevoir en ce moment.

Le Candidat. — Oh! pourquoi donc?

La vieille servante. — Il est sur le Parnasse.

Le Candidat. — Comment! sur le Parnasse?

La vieille servante. — Eh oui! il enfourche Pégase.

Le Candidat. — J'entends; il écrit.

La vieille servante, *avec hauteur*. — Non, monsieur : il chante!

Le Candidat. — C'est ce que je voulais dire.

La vieille servante. — Si pourtant vous voulez me donner votre nom...

Le Candidat. — Annoncez un amant des neuf sœurs!

La vieille servante, *avec une révérence*. — Que ne vous faisiez-vous connaître tout de suite? M. Viennet y est toujours pour les troubadours, ses confrères.

Le Candidat, *à part*. — J'aurais dû apporter un luth. C'est une faute.

M. Viennet, *entrant, vêtu d'une douillette de soie feuille-morte*. — Mon oreille avait cru reconnaître la voix de Doliban. C'est singulier comme je vois partout Doliban depuis quelques jours. Eh mais! je ne me trompe pas, c'est le jeune Versac.

Le Candidat. — Vous faites erreur, maître.

M. Viennet. — A moins que ce ne soit le petit Floricourt ou le sémillant Belval.

Le Candidat. — Ni l'un ni l'autre. Je ne suis qu'un inconnu ; mais si vous voulez me permettre d'attirer vos yeux sur quelques-uns de mes livres, il me sera doux de vous en faire hommage, comme au plus grand poète de notre siècle. (*Il remet à M. Viennet plusieurs volumes.*)

M. Viennet, *déployant un lorgnon à deux branches du temps des galeries de bois.* — Des opuscules !

Le Candidat. — Humbles fruits de mes loisirs !

M. Viennet. — Jeune homme, je ne sais si je me trompe, mais vous devez avoir le feu sacré !

Le Candidat. — Suivre vos traces glorieuses est le plus ardent de mes souhaits...

M. Viennet, *se drapant.* — Eh ! eh ! vous n'êtes pas dégoûté. J'ai eu mon Capitole, tel que vous me voyez ; et certaines de mes fables ont fait trembler Louis-Philippe sur son trône ! On dit à présent : Viennet par ci, Viennet par là, bonhomme, brèche-dent, ganache (oui, je sais qu'on m'appelle ganache) ! Mais apprenez que Viennet a été plus audacieux, plus incorrigible et plus anti-académique que vous tous ; Viennet a eu le diable au corps, lui aussi ; quelques-uns de mes bons mots et quelques-unes de mes épigrammes sont chaque jour dans votre bouche, sans que vous vous en doutiez, enfants ; et c'est être trois fois injuste de ne me tenir compte aujourd'hui que de mes rhumatismes !

Le Candidat. — J'ai toujours été le premier à constater que Minerve parle par votre bouche.

M. Viennet. — Restez dans les bons errements,

jeune homme. Voyez-vous, on ne fera jamais mieux que le *Lutrin*...

Le Candidat. — Et que l'*Epître aux Mules*.

M. Viennet, *flatté*. — Ah! vous avez de la mémoire!

Le Candidat. — C'est bien naturel.

M. Viennet. — Votre génération n'est pas de cet avis sur mon compte.

Le Candidat. — Dame! vous l'avez un peu malmenée, convenez-en.

M. Viennet. — N'ai-je pas eu raison? Des jeunes gens qui ne parlent continuellement que de chevaux et de cigares! Des femmes évaporées! Une littérature de cimetière et d'infanticide!

Le Candidat. — Vous exagérez peut-être...

M. Viennet. — Et votre tortueux, votre rocailleux M. Hugo! Croyez-vous que ce soit là un bon modèle à proposer aux nourrissons du Pinde?

Le Candidat. — J'avoue que, pour les nourrissons du Pinde...

M. Viennet. — J'ai fait une fable là-dessus.

Le Candidat. — Comme M. *Jovial* faisait une chanson.

M. Viennet. —Intitulée : *l'Asperge et le Ver luisant*.

Le Candidat. — Le titre est heureux.

M. Viennet. — Je l'ai lue avant-hier à Doliban; il en a été tellement enchanté, qu'il a voulu à toute force en emporter une copie. Je gagerais vingt pistoles qu'il la destine à la folle Hermance.

Le Candidat, *y mettant de la complaisance*. — Ah! ah! ah! le fripon!

M. Viennet. — Aimez-vous les fables?

Le Candidat. — Je n'aime que cela. C'est ce qui m'enhardit à solliciter vos suffrages pour faire partie du docte corps.

M. Viennet. — Autant vous qu'un innovateur. Je vous promets ma voix.

Le Candidat. — Oh ! merci !

M. Viennet. — Mais à une condition : c'est que vous allez me signer un papier où vous vous engagerez à ne jamais faire usage des mots bizarres récemment introduits dans notre langue, tels que : *tunnel, railway, réalisme, chicocandard*...

Le Candidat. — De grand cœur ! (*Il signe.*)

M. Viennet. — Jeune homme, je vous prédis une belle carrière !

> (*Le candidat est ravi ; il sort en parlant d'Hélicon et de Permesse. Il appelle son cocher automédon, et, dans son délire, il veut se faire conduire chez le dernier des Lacretelle ; ce n'est qu'au bout d'un quart d'heure qu'il se souvient que les Lacretelle sont finis. Il n'y en a plus ! comme disent les restaurateurs ; « mais il nous reste encore des Sacy et des Legouvé. » Alors, comme il se fait tard, le candidat remet au lendemain ses autres visites académiques.*)

LE SIÉGE

DE LA

REVUE DES DEUX-MONDES

LE SIÉGE

DE LA

REVUE DES DEUX-MONDES

PANTOMIME A GRAND SPECTACLE

—

ACTE PREMIER

Le théâtre représente le cabinet de la rédaction de la *Revue des Deux Mondes*, au premier étage d'une sombre maison de la rue Saint-Benoît. Décoration d'une simplicité austère.

Au lever du rideau, les principaux rédacteurs sont groupés dans des positions différentes autour du secrétaire, le fidèle de Mars. Ils lui témoignent par leurs gestes un respectueux empressement. Celui-ci les accueille avec bonté et leur apprend que le maître va bientôt se rendre dans cette galerie : s'il est en retard, c'est que sans doute il aura veillé plus que de coutume en lisant un travail de Saint-René-Taillandier.

Un bruit de cor se fait entendre : Buloz paraît à la porte du fond, il est pensif et farouche ; à peine s'aperçoit-il de la présence de ses rédacteurs. Le fidèle de Mars s'approche avec précaution et lui demande le motif de sa mélancolie ; à la seconde interpellation seulement, Buloz relève la tête, promène ses regards autour de lui ; de lugubres pressentiments l'assiégent. Enfin, pressé de questions par Mazade et Montégut, qui se joignent au fidèle de Mars, il leur apprend que depuis quelques semaines on a vu rôder dans la contrée une horde de féroces réalistes, sous le commandement du terrible Champfleury. Anxiété générale parmi les rédacteurs.

— Ce n'est pas tout, ajoute Buloz ; les dernières nouvelles que je viens de recevoir me donnent l'avis qu'une attaque sera prochainement dirigée par ces mécréants contre la *Revue des Deux Mondes,* où ils ont juré de planter leur infâme drapeau. Tenons-nous donc sur nos gardes ; redoublons de surveillance ; que les postes soient doublés, et que par ruse ou par force aucun réaliste ne puisse pénétrer dans cette enceinte du bon goût et de la saine tradition !

Tous les rédacteurs applaudissent à ce discours mimé avec une grande énergie. Mazade et Montégut tirent leur plume et jurent de verser jusqu'à la dernière goutte de leur encre pour une si noble cause. Ils sont imités par tout le monde, excepté par le fidèle de Mars, — qui n'a pas de plume.

Les rédacteurs sortent en tumulte, laissant Buloz

seul. Il s'asseoit dans son fauteuil de cuir en rêvant aux destinées compromises de la *Revue*. Tout à coup un inconnu se présente, sans qu'on puisse savoir par où il est entré ; son aspect est celui de l'honnêteté, sa livrée est celle du talent. Il tire modestement de sa poche et offre à Buloz un manuscrit intitulé : *la Soupe au fromage*. Indignation de Buloz. L'iconnu soupire et tire d'une autre poche un second manuscrit, sur lequel on lit : *les Douleurs d'un tripier de la rue de la Harpe*. La fureur de Buloz est sans bornes ; il va éclater, mais une idée le saisit, un soupçon traverse son cerveau : il demande son nom à l'inconnu. — Champfleury ! répond celui-ci. Coup de tam-tam à l'orchestre.

Buloz se lève de son fauteuil de cuir et l'œil étincelant (le bon), il montre la porte au profane. Champfleury veut réclamer ; mais Buloz, par un geste superbe, étend le bras vers un cordon de sonnette et l'agite avec frénésie. Le fidèle de Mars paraît. Champfleury sort, la rage dans le cœur, après avoir juré de se venger, et en semant des manuscrits sur son passage !

Epuisé par cette dernière émotion, Buloz s'est évanoui ; le fidèle de Mars cherche à le ranimer. Tout le monde est accouru et s'empresse autour de lui. Forgues propose de lui fourrer dans le dos la *Clef du Caveau ;* on le repousse avec dédain. Mieux inspiré que les autres, Milcent s'avise de lui faire respirer l'*Annuaire*. Buloz revient insensiblement à lui. Musique douce. Il raconte la visite du chef des réalistes ; chacun frémit à l'idée du péril qu'il a couru ; Mazade déclare qu'il convient d'écrire sur le fronton du cabinet de la rédaction ces mots : LA REVUE DES DEUX MONDES EST EN DANGER ! Cette mesure, fortement appuyée par Pavie, est adoptée à l'unanimité. Elle est suivie de quelques précautions décrétées d'urgence ; après quoi on se sépare.

Le théâtre change et représente l'antre des réalistes. C'est une brasserie de la rue Hautefeuille, éclairée par un seul quinquet ; à droite, un énorme tonneau orné de feuillages et de rubans ; au plafond, des guirlandes de jambons et de chapelets de saucisses. Les réalistes sont couchés çà et là sur des bancs de bois ; ils affectent des poses triviales et sont chaussés d'épais sabots ; quelques-uns fument des pipes grossièrement façonnées en buvant de la bière. Aucun n'est joli.

Leur lieutenant, Max Buchon, semble agité : il ne voit pas revenir Champfleury ; il craint qu'il n'ait donné dans quelque embuscade de romantiques. Il communique ses inquiétudes à Duranty et à Trombouillot, qui veulent aussitôt se remettre à la recherche de leur chef, malgré l'orage qui gronde au dehors et les éclairs qui sillonnent la nue à chaque instant.

Au moment où ils vont pour sortir, la porte s'ouvre avec fracas, et Champfleury apparaît, pâle, mais calme ; il se débarrasse de son manteau ruisselant de pluie, et serre, les unes après les autres, les mains calleuses de ses compagnons. La fille de l'hôtesse lui apporte un *moos* qu'il vide d'une seule rasade.

Cependant Max Buchon l'observe en silence et devine, à l'altération de ses traits, qu'il vient de se passer quelque chose de grave. Il lui frappe sur l'épaule et l'engage à se confier à lui. Champfleury, après quelques hésitations, se décide à lui raconter son entrevue avec Buloz et l'affront qu'il en a reçu. Max Buchon l'écoute en serrant les poings et en donnant tous les signes de la plus violente colère. — Oui, vengeance ! s'écrie-t-il à son tour, et ce mot, répété de rang en rang par les réalistes, rallume leurs rancunes contre la *Revue des Deux Mondes,* où tous ils ont eu un article refusé.

Mais Champfleury, qui unit à la valeur d'un chef de parti l'habileté d'un homme d'Etat, se hâte de réprimer cet élan. Selon lui, l'heure d'agir par la force n'est pas venue; une tentative prématurée pourrait tout perdre. Il se retire dans la salle de billard avec Max Buchon pour lui faire part de ses projets, pendant que les réalistes retournent à leurs chopes, et que l'orchestre joue en sourdine l'air de *la Muette : le roi des mers ne t'échappera pas.* L'orage gronde toujours au dehors.

ACTE DEUXIÈME

Le théâtre représente le petit jardin de la *Revue des Deux Mondes.* Les enfants de Buloz cueillent et tressent des fleurs pour sa fête, car c'est aujourd'hui la Saint-François. Des trophées rappelant les séries les plus remarquables de la *Revue,* sont attachés aux arbres; quelques ouvriers achèvent de placer des verres de couleur dans les bosquets.

Le fidèle de Mars, assis sur un banc de verdure,

surveille ces apprêts avec une touchante sollicitude. Espiègleries des enfants : un d'eux se glisse dans le cabinet de la rédaction ; il en sort quelques minutes après, tenant à la main le chapeau de Cucheval-Clarigny ; il s'amuse à le remplir de terre jusqu'aux bords.

Un joyeux bruit de tambourin remplit les airs ; des détonations de boîtes d'artifice donnent le signal de la fête. Les invités arrivent de toutes parts ; on remarque parmi eux l'abonné au menton d'argent. Enfin, Buloz se montre, suivi d'un brillant état-major ; il est vêtu de bouracan neuf ; l'aménité se peint sur tous ses traits. Il salue de la main, et va s'asseoir sur un trône richement orné. Presque aussitôt une couronne de fleurs descend, comme par enchantement, et se pose sur son front. BALLET.

Pas des économistes, dansé par MM. Molinari, Henri Baudrillart et Baude.

Pas des universitaires, par MM. Despois, Saisset, de Loménie.

L'*Ereinteska,* par M. Poitou.

La *Shakespearienne,* par M. H. Taine.

Final, par le corps de la rédaction.

Pendant ce divertissement, les regards du fidèle de Mars n'ont pas cessé de se diriger vers un coin du théâtre où se tiennent deux étrangers à favoris de braise. Il les désigne à Buloz, qui l'engage à se rassurer : — Ce sont deux publicistes américains, qui me sont très-chaudement recommandés par le directeur de *l'Impartial de l'Orénoque.* —Le fidèle de Mars secoue la tête d'un air de doute ; ses soupçons augmentent quand il voit un de ces deux étrangers ramasser ses favoris qu'il vient de laisser choir, et les recoller précipitamment. Le fidèle de Mars, usant de stratagème, va trouver John Lemoine et le conduit devant les soi-disant Américains. — Aôh ! leur dit John Lemoine en les accostant. Ceux-ci se troublent et cherchent à fuir. Confusion. Les danses sont interrompues. On reconnaît dans les faux Américains deux des satellites les plus redoutables du réalisme : Schanne et Assezat. Ils parviennent à s'échapper en distribuant des gourmades à droite et à gauche. Après leur départ, on s'aperçoit qu'ils ont versé de l'eau sur les lampions et suspendu des peaux de lapin aux branches des arbres, en guise de guirlandes. Horreur unanime.

Cet épisode met un terme à la fête. Buloz se retire, au bras de son fidèle de Mars. Le désordre règne sur la scène. Cucheval-Clarigny cherche son chapeau.

Le théâtre change et représente le cabinet de Buloz. Il a repris confiance, et il lit un article très-intéressant sur le *Rationalisme international en Allemagne*. On annonce un ermite. Cet ermite, couvert d'un capuchon qui empêche de distinguer ses traits, n'est autre que Champfleury. — Entrez, entrez, mon révérend, lui dit Buloz ; que me voulez-vous ? Champfleury répond, en déguisant sa voix, qu'il arrive de la Terre-Sainte, rapportant des manuscrits excessivement curieux ; en même temps, il lui en remet un. Buloz tressaille de joie ; il ne veut pas perdre un instant, il invite le religieux à se rendre avec lui à l'imprimerie, où son travail va être immédiatement donné à la composition. Champfleury triomphe.

Mais, en sortant, ils se croisent avec le fidèle de

Mars, qui, en s'inclinant pour saluer l'ermite, tressaille. Champfleury, assujettissant sa barbe blanche, lui donne sa bénédiction et se hâte d'entraîner Buloz. Le fidèle de Mars les suit de loin, et se propose de veiller sur son maître. Le jour baisse.

Le théâtre change et représente l'imprimerie Gerdès. Dans une salle basse attenant aux ateliers, Buloz et Champfleury sont assis l'un devant l'autre à une table recouverte d'un tapis vert. L'article vient d'être remis au prote; mais il s'agit, pour le faux pèlerin, d'y substituer un manuscrit réaliste. Comment fera-t-il? Son plan est tracé; il ne lui reste qu'à le mettre à exécution. Il tire de dessous sa robe de laine une gourde trapue et il la montre à Buloz. — Oh! oh! qu'est-ce que cela, mon père? semble lui demander celui-ci. Champfleury lui fait lire l'étiquette : RHUM DU JOURDAIN. — Ce doit être un breuvage délicieux, dit Buloz. — Voulez-vous y goûter? dit Champfleury. — Volontiers, mon révérend, répond Buloz, et il sonne pour qu'on apporte deux coupes. Dans l'intervalle, un mouvement, visible seulement pour le public, s'opère sous la table : c'est le fidèle de Mars qui s'y est glissé et qui soulève avec précaution un coin du tapis, pour assister à la scène suivante.

On apporte deux coupes d'or. L'ermite supposé verse le rhum du Jourdain dans celle de Buloz; puis, profitant d'un moment de distraction de son hôte, il tire une seconde gourde pour lui-même. On a deviné que la fameuse liqueur n'est qu'un narcotique destiné à tromper la surveillance du directeur de la *Revue des Deux Mondes;* il va tomber dans le piége, en effet;

mais pendant que Champfleury replace le second flacon sous sa robe, le fidèle de Mars fait tourner la table qui est à pivot mobile. De la sorte, c'est le verre de Buloz qui se trouve devant Champfleury, et c'est Champfleury qui boira le narcotique destiné à Buloz. L'ermite propose une santé à la prospérité de la *Revue des Deux Mondes ;* elle est acceptée avec transport ; on choque les coupes. Le fidèle de Mars rit en se frottant les mains.

Le résultat de sa ruse ne se fait pas attendre ; à peine les lèvres de l'ermite ont-elles touché le bord du hanap, qu'il chancelle, balbutie et s'affaisse sur lui-même. Buloz le regarde d'un œil étonné (le bon) et croit qu'il se trouve mal ; il se lève et veut appeler du secours ; mais quelle est sa surprise en voyant sortir de dessous le tapis le fidèle de Mars en personne !

Le fidèle de Mars met un doigt sur la bouche, s'assure du profond sommeil de l'ermite, puis, lui décrochant sa barbe et lui rejetant son capuchon en arrière, il montre à Buloz stupéfait la figure du chef des réalistes. Coup de théâtre. Buloz frappe sur un timbre. On accourt, on s'empare de Champfleury ; le fidèle de Mars saisit sur lui un cahier intitulé : *les Sensations de Josquin ;* c'était celui qu'il voulait substituer à la prétendue relation de la Terre-Sainte. Champfleury est garrotté, et, toujours endormi, on l'enferme dans la tour du Nord.

ACTE TROISIÈME

Le théâtre représente la tour du Nord. C'est l'endroit où l'on met la collection de la *Revue des Deux Mondes.* Un rayon de la lune glisse tristement à travers les barreaux de la fenêtre qui donne sur la rue Saint-Benoît.

Peu à peu, Champfleury recouvre l'usage de ses sens. Il regarde autour de lui et cherche à se rendre compte de l'appartement où il se trouve. C'est en vain qu'il tâche d'ébranler les barreaux. Efforts impuissants! Il veut parlementer à travers la serrure, l'écho seul répond à sa voix. Alors il se couche sur son lit de paille et chante une ballade dolente. Musique.

O bonheur! ses gémissements ont été entendus. Max Buchon, revenant de la brasserie de la rue Hautefeuille, s'arrête sous la fenêtre de la tour. Reconnaissance. Chamfleury lui demande du tabac et des allumettes; Max Buchon lance le tout à travers les barreaux.

Une idée surgit dans le cerveau de Champfleury; il commande à Max Buchon d'agiter la sonnette qui est à la porte de la *Revue des Deux Mondes.* A ce bruit, le fidèle de Mars paraît derrière un guichet. Champfleury lui demande impérieusement sa liberté. Ricanements du fidèle de Mars, qui referme le guichet. Max Buchon sonne de nouveau. Le fidèle de Mars reparaît. Champfleury, de plus en plus impérieux, lui enjoint d'avoir à ouvrir les portes de son cachot; dans le cas contraire, il le menace de mettre le feu à la collection de la *Revue,* et il lui montre, d'un air vainqueur, la boîte d'allumettes qu'il vient de recevoir.

Le fidèle de Mars frémit. Il prend en soupirant un trousseau de clefs à sa ceinture, et il monte l'escalier de la tour du Nord. Les chaînes de Champfleury tombent. Il se jette dans les bras de Max Buchon. Tableau.

Le théâtre change et représente l'intérieur de la *Revue des Deux Mondes*. Tout est préparé pour un siége en règle. Les rédacteurs extraordinaires, les rédacteurs ordinaires et même les rédacteurs *d'une fois* ont été convoqués solennellement. Buloz les encourage du geste et de la voix ; il regrette vivement l'absence de Paul de Molènes, qui aurait si bien mis son glaive au service de l'indépendance de la *Revue :* à son défaut, c'est le major Fridolin qui est chargé du commandement du principal corps d'armée.

De cinq minutes en cinq minutes, des émissaires viennent l'informer des progrès de la horde réaliste qui s'est mise en marche.

Cependant, l'inquiétude de Buloz est manifeste. Il raconte au fidèle de Mars un songe où des coqs de saladier se mêlent grotesquement à des images de bourgeois de Laon et de Molinchart. Le fidèle de Mars cherche à le rassurer.

Un coup de canon de bois se fait entendre. Ce sont les réalistes qui approchent : on aperçoit déjà leurs sarreaux, leurs limousines, leurs pantalons de toile écrue, leurs chapeaux bossués, leurs cravates en corde à puits. Les diplomates de la *Revue* échangent un regard de terreur. Saint-Marc-Girardin blêmit ; de Carné avale coup sur coup plusieurs pastilles de Vichy. Leurs craintes s'accroissent encore par la nouvelle que Philarète Chasles vient de se joindre aux assaillants. Mais ce n'est qu'une fausse rumeur, bientôt démentie.

D'Alaux, les vêtements en désordre, accourt, annonçant que les avant-postes, composés de jeunes recrues prises dans les concours de l'Académie française, ont été culbutés au premier choc. Buloz pousse ses vétérans au dehors ; lui-même s'empare d'une arme et se précipite dans l'escalier. Il est repoussé avec perte. Vacarme et fusillade. La scène s'emplit de fumée.

Des engagements partiels ont lieu sur divers points du théâtre : Trombouillot poursuit Beulé ; Eugène Forcade se débat entre Thulié et Duranty. Scudo succombe sous le nombre. Malgré des prodiges de valeur, Mazade, Montégut et Saint-René-Taillandier sont obligés de battre en retraite.

Seul, Buloz lutte encore en désespéré ; une hache à la main, il se rencontre face à face avec Champfleury, il le provoque ; son œil courroucé (le bon) lance des éclairs. COMBAT A L'HACHE. Orchestration imitative. Tout le monde attend avec anxiété le résultat de ce duel, d'où doit se dégager le sort de la journée. Un instant, le ciel semble se prononcer contre Champfleury : son pied a glissé, Buloz fond sur lui... Mais non, Champfleury esquive le coup, il se relève, et Buloz est terrassé ! Cris de joie des réalistes. Des feux de Bengale illuminent la scène de toutes parts et laissent voir les vaincus dans des attitudes consternées. Champfleury relève Buloz et lui fait grâce de la vie, à la condition que *les Sensations de Josquin* paraîtront dans le prochain numéro. C'est le fidèle de Mars qui est chargé de corriger les épreuves.

Bonaventure Soulas plante le drapeau du réalisme sur les bureaux de la *Revue des Deux Mondes*. Marche triomphale.

La toile tombe.

LA BIBLIOTHÈQUE

LA BIBLIOTHÈQUE

LA BIBLIOTHÈQUE EN VACANCES

(*La grande salle de lecture de la Bibliothèque, rue Richelieu. On entend un bruit de portes. Les gardiens sortent. Au dehors, on lit sur un écriteau :* — LA BIBLIOTHÈQUE SERA FERMÉE DU 1ᵉʳ AU 30 SEPTEMBRE.

M. DE BACHAUMONT, *descendant, le premier, de son rayon.* — Ouf! les voilà partis! ont-ils assez, depuis un an, déchiré mes feuilles et compromis mes dentelles! Quelle rage de chroniques et de nouvelles à la main les a donc saisis? Il ne me reste plus à présent une seule anecdote, un seul quatrain; ils m'ont tout dérobé; je suis à sec.

RIVAROL. — Et moi donc!

CHAMFORT. — Et moi!

BEAUMARCHAIS. — Et moi! Il y a de l'écho ici.

CINQ OU SIX RATS, *s'aventurant.* — Est-il certain, mes frères, qu'on ait vu s'éloigner M. Edouard Fournier? Se pourrait-il qu'il ne vînt plus nous déranger pendant un mois? Hélas! j'ai bien peur qu'une telle félicité ne nous soit pas permise! Vous ne le connaissez pas autant que moi, ce vilain homme : il est capable de se procurer une clef ou de s'introduire ici nuitamment par les vasistas. Redoutez tout de M. Edouard Fournier! L'autre jour, ne s'est-il pas avisé de me surprendre derrière une collection de *la Minerve*, où j'avais cependant tout lieu de me croire en sûreté.

Un Livre, *appelant*. — Pssst!

Mademoiselle de Lespinasse. — Que me voulez-vous, d'Alembert?

D'Alembert. — M. Ravenel est-il là?

Mademoiselle de Lespinasse. — Non; M. Magnin non plus; vous pouvez descendre, nous sommes en vacances!

Chœur général en toutes les langues. — En vacances! dites-vous vrai? En vacances! nous voilà débarrassés de cette cohue de lecteurs importuns, fatigants, irrespectueux. Le ciel en soit loué! nous ne verrons plus Francisque Michel, le touche-à-tout!

Chœur de Trouvères. — Ni d'Héricault, aimé des belles!

Chœur de Satiriques. — Ni Anatole de Montaiglon, qui a le piquant du verjus!

Chœur de Précieuses. — Ni le grand Livet!

Chœur de Conteurs. — Ni le petit Boiteau!

Chœur d'Historiens. — Ni Romey le *jettatore!*

Chœur de Polygraphes. — Ni Lalanne, l'écuyer!

Dorat, *couvert d'une de ces magnifiques reliures dites à la Fanfare, ornements à petits fers, doublé en maroquin rouge, tranche dorée.* — Pouah! j'ai passé une saison entière sous les grosses lunettes d'écaille et sous les coudes graisseux d'un animal incompréhensible. Il venait régulièrement à dix heures, me demandait et ne me rendait plus qu'à une heure. Que pouvais-je avoir de commun avec ce cuistre? En quoi devaient l'intéresser mes *Baisers* et mes *Cerises?* Un jour, je me penchai sur son travail : il écrivait très-fin et très-vite sur du papier timbré. C'était un clerc de quelque étude sans feu, à qui je servais de contenance pendant qu'il expédiait ses barbouillages. O honte! ô punition!

Madame de Sévigné. — Moi, j'avais un jeune galant que je regrette. Il me lisait avec des sourires et des soupirs. Ce devait être quelque cadet de famille, adorant le beau temps du menuet royal et des ruelles. Ah! si j'avais pu lui répondre!

Le marquis de Bièvre. — Vous? votre cœur a toujours habité le château des Rochers.

Madame de Sévigné. — Impertinent!

Andrieux. — On m'a bien peu lu cette année.....

Luce de Lancival. — M. Latour de Saint-Ybars m'a consulté deux fois; c'est un heureux symptôme. Les belles-lettres vont refleurir.

Alfieri. — On joue mes comédies en France. Tout va bien.

Le Dictionnaire de la Conversation. — Comment feront maintenant les feuilletonistes pour rédiger leurs comptes-rendus de théâtres? Où iront-ils chercher la date de la première représentation du *Jeune Mari,* et l'époque précise de la retraite de Mademoiselle Emilie Leverd?

Voix de l'Enfer. (*L'Enfer est cette partie de la Bibliothèque qui contient les auteurs licencieux.*) Ouvrez-nous les portes! ouvrez-nous! Nous voulons aller passer nos vacances chez la Fillion, chez la Pâris, chez la Massé! Holà! Qu'on nous serve des coulis, des pastilles, des truffes, des *diabolini,* des liqueurs des îles, et qu'on nous ramène dans le boudoir d'Eliante-Cottyto!

Rabelais. — Bon! voici le dégel des paroles qui commence.

Grimm. — Du nouveau! quelqu'un sait-il du nouveau! Y a-t-il ici quelque gazetier fraîchement arrivé? je le paierai mon pesant d'or. J'ai soif d'aventures et faim de bons mots.

La Harpe. — Approchons-nous de ces groupes, monsieur le baron.

Brillat-Savarin, *à Stendhal.* — Vous le mettez dans la poêle deux minutes à peine, en ayant le soin d'y jeter quelques rondelles de citron. C'est un plat délicieux.

Stendhal. — Je vous crois; Mérimée doit le connaître.

Mademoiselle Aïssé, *s'éveillant.* — Laissez-moi, non, Sainte-Beuve, non; je ne le veux pas! je ne veux pas être réimprimée!

Sainte-Beuve. — Rien qu'une préface!

Mademoiselle Aïssé. — Non... Ah! mon Dieu, je rêvais.

Madame de Genlis, *à madame Cottin.* — Oui, ma chère, des cages en acier. C'est une fureur.

M. de Montlosier, *s'adressant à Chateaubriand.* — Quand paraissent les Mémoires de M. Guizot?

CHATEAUBRIAND. — J'ai vu passer l'autre jour le libraire Didier dans la salle de la Réserve ; il affirmait pouvoir mettre en vente le premier volume au commencement du mois de novembre.

M. DE MONTLOSIER. — Et ceux de M. Dupin? la suite?

CHATEAUBRIAND. — On le dit un peu découragé.

PAUL-LOUIS COURIER. — Ah! tous vos Mémoires! Relisez donc le Testament de Rostopchin, en vingt-cinq lignes!

BENJAMIN CONSTANT, *frappant au rayon de madame de Staël.* — Toc! toc! êtes-vous là?

MADAME DE STAEL. — Non ; je suis à la reliure.

BENJAMIN CONSTANT. — C'est ce qu'elles disent toutes, depuis quelque temps : c'est insupportable. Vous verrez que je serai forcé d'aller frapper chez madame de la Suze.

YOUNG. — Je m'embête.

NOVERRE, *à M. de la Borde.* — L'Opéra? les arts imitateurs?

M. DE LA BORDE. — Toujours la Ferraris, mon pauvre Noverre !

NOVERRE. — Des gargouillades !

SAPHO, *à mademoiselle **** (l'éditeur *refuse d'imprimer le nom*). — Oui, mon ange, on a saisi les *Fleurs du Mal,* de Baudelaire.

MADEMOISELLE ***. — Est-ce possible ?

SAPHO. — Et sais-tu le nom du substitut qui...

DIDEROT, *rongeant ses poings.* — Oh! ne pouvoir sortir pour aller au Salon ! Deux personnes en causaient auprès de moi, il y a quinze jours ; ils disaient les noms des nouveaux et des célèbres : Daubigny, Gérôme, Duveau, Baudry ! Que devient la peinture sensible ? Greuze et Chardin ont-ils laissé une postérité ?

Un Livre *éloigné*. — J'étouffe !

Dumersan. — Il me semble connaître cette voix.

Le Livre. — Hélas ! ami Dumersan, c'est moi, Brazier, ton infortuné compère.

Dumersan. — Où diable es-tu !

Brazier. — Au fond du tiroir de M. de Manne, le conservateur adjoint. Sous le prétexte qu'il travaille lui aussi à une histoire de petits théâtres, il ne veut me prêter à personne et me tient enfermé depuis trois ans.

Dumersan. — Eh ! mon pauvre ami, je te plains de tout mon cœur ; mais je ne puis te délivrer.

Brazier. — Tâche de crocheter la serrure.

Dumersan. — Je n'ai jamais appris.

Brazier. — Hélas !

Dumersan. — Il me pousse une idée, cependant ?

Brazier. — Voyons.

Dumersan. — Je vais chercher Vaucanson. Il est justement dans la salle du Zodiaque.

Sauval, *allant à une fenêtre*. — Ah ! messieurs, comme on démolit à Paris !

Saint-Foix. — Voilà mes *Essais* à refaire !

Mercier. — Et moi, mon *Tableau*. J'en parlerai à Edmond Texier.

Dulaure. — Voyez-vous tout là-bas cette poussière qui s'envole de la rue de l'Arcade ? C'est l'hôtel du prince de Soubise qu'on abat. Un palais qui avait la grâce et le mystère d'une petite maison ! Les jolies colonnes ! les beaux marbres de couleur ! les riantes mythologies du plafond !

Marmontel. — Je me souviens d'y avoir dîné avec mademoiselle Guimard.

Madame de Krudner. — Mais on en raconte mille horreurs, de votre prince. N'est-ce pas lui qui avait dans son cabinet un fauteuil mécanique ?...

Miss Inchbald, *la poussant du coude*. — Taisez-vous donc, ma belle !

Grécourt. — Mesdames, si vous le permettez, je peux vous fournir des renseignements précis à ce sujet. (*Les deux femmes s'enfuient.*)

Balzac *affairé*. — Savez-vous ce qu'ont fait les Graissessac aujourd'hui ?

Joseph de Maistre. — Quoi ! qu'y a-t-il ?

Balzac. — Les Graissessac !

Joseph de Maistre. — Voulez-vous me laisser tranquille !

Balzac. — Ah ! je ne vous reconnaissais pas. Excusez-moi.

Joseph de Maistre. — Comment se peut-il que vous, un assembleur d'affabulations, qu'on a essayé de faire passer pour un philosophe et pour un historien, vous ayez le courage de vous occuper de ces intrigues monétaires !

Balzac. — Hein ?

Joseph de Maistre. — Je ne vous interroge pas, je m'exclame.

Balzac. — Vous n'interrogez pas ? je crois bien !

Vous auriez trop peur qu'on vous répondît. Cela vous étonne que je m'informe des Graissessac, jouissance avril? Ah! mon vieux gentilhomme intolérant, on a changé votre sanglante clef de voûte de l'édifice social. Je l'avais bien prédit : le règne de la pièce de cent sous est arrivé. Voici l'heure des bourreaux d'argent, des jolis bourreaux, des bourreaux souriants! Et vous voulez que je ne sois pas de cette fête! Allons donc, hyperboréen émigré! J'ai toujours eu le cynisme de mes opinions, comme vous.

Joseph de Maistre. — Pas de comparaison, monsieur!

Balzac. — Mettons similitude, si vous l'aimez mieux, comme Gros-René.

Joseph de Maistre. — Vous avez de l'esprit, mais vous êtes un corrupteur.

Balzac, *indigné*. — De l'esprit! Pour qui me prenez-vous? Qu'est-ce que je pourrais faire de l'esprit, cette faculté subalterne? Ah! si je revenais au monde!

Joseph de Maistre. — Que feriez-vous?

Balzac. — Je ferais fortune.

Joseph de Maistre. — Ah oui! toujours votre rêve!

Fontenelle, *dans un coin*. — Sonate, que me veux-tu?

Balzac. — Dans quinze jours je serais millionnaire, dans un mois je créerais une banque, dans un an je culbuterais Rothschild. Il n'y aurait plus que moi au monde, moi, assis sur un sac gigantesque. Je n'ai pas vécu assez. Voyez ce petit Solar, qui venait m'acheter mes romans à Passy, millionnaire! voyez ce bourdonnant Lireux, qui a joué *Quinola,* millionnaire! et Jourdan, qui a publié *l'Initié!* et Millaud! et les autres! millionnaires! bi-millionnaires! milliardaires! Je leur ai porté bonheur à tous; j'ai été le précurseur du million moderne.

Joseph de Maistre. — Je ne vous en fais pas mon compliment.

Le Clairon, *à Sophie Arnould.* — De quoi ris-tu?

Sophie Arnould. — De tous mes bons mots qu'on met aujourd'hui sur le compte d'une personne appelée Augustine Brohan.

Champcenetz, *survenant.* — Que diriez-vous donc si, comme moi, vous vous relisiez chaque jour dans les *courriers* de M. d'Ivoy?

Chevrier. — Ou comme moi, dans ceux de M. Henri d'Audigier.

Métra. — Ou comme moi, dans ceux de M. Gustave Claudin.

Sterne. — Qu'est-ce que c'est que ces *courriers*-là?

Champcenetz. — Une invention nouvelle... d'il y a plusieurs siècles... un déluge d'encre.

Berquin. — C'est singulier! personne ne songe à me plagier, moi. (*Il fait des cocottes.*)

Florian. — Ni moi. Ah! si! il y a un certain Arsène Houssaye. Le connaissez-vous?

Nodier. — Amelot de la Houssaye? Parfaitement. Deuxième galerie, troisième rayon, lettre L, n° 7,764. Faut-il le prier de descendre?

Florian. — Eh non! mon cher bibliophile; nous parlons de nos jeunes confrères.

Mademoiselle de Scudéry, *au milieu d'un cercle.*

— Ainsi, votre pays du Tendre s'appelle maintenant le Pré Catelan, les Concerts de Paris, le Moulin-Rouge, Mabile? Je donnerais volontiers un exemplaire de *Cyrus* pour que Pélisson m'y conduisît un beau soir.

CAYLUS. — Mes Porcherons, où sont-ils?

EDOUARD OURLIAC. — A la Closerie des Lilas, où les étudiants allument leurs cigarettes avec les feuillets du Code.

MADEMOISELLE DE SCUDÉRY. — Des cigarettes! des cigares! Quelle abomination!

M. DE JOUY. — De mon temps on ne disait pas un cigare, on disait une *cigale*. Consultez *l'Ermite de la Chaussée-d'Antin*.

EUGÈNE BRIFFAUT. — Merci!

MADEMOISELLE DE SCUDÉRY. — C'est comme ce ou cette George Sand dont je lis en ce moment les ouvrages. Se peut-il, en effet, qu'elle fume toute la journée et même en écrivant?

EUGÈNE BRIFFAUT. — Rien de plus vrai, madame, je l'ai beaucoup connue il y a quelques années : elle fait une prodigieuse consommation de tabac caporal ; elle reste continuellement couchée sur des divans à la mode turque, et elle ne saurait tracer une ligne sans s'être coiffée préalablement d'une énorme casquette de loutre ornée d'un pompon de garde national. C'est une femme bien originale, allez!

CHOEUR DE RATS. — Alerte, mes frères, alerte! voici M. Edouard Fournier; je viens de l'apercevoir se glissant par le soupirail de la cour! Sauvons-nous! sauvons-nous!

YOUNG. — Je m'embête.

LA BIBLIOTHÈQUE EN FONCTIONS

I

AVANT L'OUVERTURE

A neuf heures et demie du matin, — c'est-à-dire une demi-heure avant l'ouverture au public, — les garçons de salle, plus spécialement désignés sous le nom de *frotteurs*, arrivent et se dispersent dans les divers départements de la Bibliothèque de la rue Richelieu (1).

Ils échangent leurs modestes redingotes contre des uniformes somptueux qui les font ressembler à des financiers de la Comédie Française, et le piteux chapeau de soie contre le solennel chapeau à trois cornes. — Du temps de M. Naudet, les frotteurs étaient tenus à coiffer ce chapeau *en bataille,* c'est-à-dire dans toute sa largeur; mais depuis, moins surveillés, ils se contentent de le porter à la façon coquette des élèves de l'Ecole polytechnique.

Seul, Combat, le chef de service, a persisté et per-

(1) Cet article a été écrit et publié pour la première fois dans un journal, il y a plus d'une année. Depuis cette époque, d'importants changements ont eu lieu dans l'administration et dans le personnel de la Bibliothèque. Quelques améliorations, que nous avions indiquées, même avant M. Mérimée et son spirituel rapport, ont été réalisées. Cet article n'a donc aujourd'hui que la valeur d'une date; mais comme tel, il servira plus tard de point de comparaison entre la Bibliothèque d'autrefois et la Bibliothèque d'aujourd'hui.

siste encore dans la tradition majestueuse de M. Naudet.

Cinq minutes avant dix heures, les employés apparaissent successivement.

On nous permettra de commencer cette esquisse par le département des Imprimés, — et de pénétrer dans la grande salle de lecture, encore déserte.

⁎

Auparavant, tâchons de bien saisir le sens et les termes du règlement, qui est placardé sur la porte.

Voici ce que dit ce règlement :

« Ne seront point communiqués les ouvrages contraires aux mœurs, les pièces de théâtre, les œuvres dramatiques des auteurs vivants, les romans publiés séparément *ou faisant partie des œuvres d'un auteur* (il paraît qu'il y a — à la Bibliothèque — des romans qui ne font point partie des œuvres de leurs auteurs), les éditions dites illustrées, les journaux français quotidiens des vingt dernières années, les brochures politiques ou de circonstance, les almanachs d'adresses, les livres purement scolaires de tout genre, et les ouvrages *qui se trouvent dans les cabinets de lecture.* »

Hum! voilà bien des choses destinées à n'être point communiquées!

La dernière ligne surtout est singulière : «.... Les ouvrages qui se trouvent dans les cabinets de lecture. » Mais on n'y trouve pas rien que *l'Enfant du Carnaval*, dans les cabinets de lecture! Nous en connaissons où abondent les livres d'histoire et de science. Le règlement nous la baille belle, en vérité.

II

LA SALLE DE LECTURE. — LES EMPLOYÉS-PHARES :
M. COMBETTE, M. CHÉRON, M. VINTRE.

Nous ne décrirons pas cette salle immense, ou plutôt cette galerie, connue de toute l'Europe savante ; les livres en constituent d'ailleurs l'unique décoration. — L'œil y découvre, après le premier examen dû à l'ensemble, un bureau central et trois autres petits bureaux, placés de distance en distance comme des phares, et occupés par des employés solitaires.

Le premier de ces employés, faisant face à la porte d'entrée, est M. Combette, — ou le *phare de Bréhat.*

Le second de ces employés, situé au milieu de la salle, est M. Paul Chéron, — ou le *phare de Cordouan.*

Le troisième, relégué à l'autre extrémité, est M. Vintre, — ou le *phare de Biarritz.*

Consacrons quelques lignes à chacune de ces physionomies.

M. Combette est l'homme impassible par excellence : rien ne l'émeut, rien ne l'étonne. A peine entré, il quitte ses bottes, — de fortes bottes, avec de fortes empeignes, de fortes semelles et de fortes tiges, — et il met des chaussons de lisière. Dans un âge plus candide, M. Combette, ignorant le mal et les méchants, abandonnait ses bottes dans les salles d'en-bas ; mais, depuis un événement odieux et qui se refuse à toute narration, il ne les perd plus du regard ; elles reposent, comme de fidèles compagnes, à côté de son bureau.

Une calotte de couleur ponceau orne le chef placide de M. Combette. Dans les intervalles de repos que lui laissent les habitués de la Bibliothèque, il dévore la collection du *Musée des Familles,* il en fait sa substance, son tout. — Pour lui, la vie est bornée au nord par *le Musée des Familles ;* au sud, par *le Musée des Familles ;* à l'est et à l'ouest, encore par *le Musée des Familles. Le Magasin pittoresque* l'effraie un peu : ce mot de *pittoresque* ne lui semble pas avoir une allure et une prononciation orthodoxes ; cela sent le romantisme, — tandis que *le Musée des Familles,* cela est plus bourgeois, plus digne, plus rassis. Il l'abandonne cependant quelquefois, mais c'est pour aller se chauffer devant une des bouches du calorifère. M. Combette traîne un fauteuil bien en face du conduit calorique, il s'y installe, appuie les paumes de ses mains sur ses genoux et les descend le long de ses tibias avec une certaine vigueur, en poussant de petits cris de satisfaction ; il les remonte lentement et recommence ce manége pendant quelques minutes ; sa figure revêt une expression béate, il ferme les paupières, il frissonne de volupté, il produit des gonflements avec ses joues. C'est un homme heureux, — jusqu'à ce qu'un lecteur impitoyable le renvoie à son pupitre.

Ce que M. Combette donne le plus et le mieux, ce sont les manuels-Roret. En dehors de cette spécialité, il est tout despotisme ou tout caprice.

Un jour, un de nos amis eut besoin, pour une étude

sur un personnage très-connu, de consulter *Adèle et Théodore*. Dans ce roman, madame de Genlis donne quelques détails assez curieux sur l'enfance du personnage en question. Après avoir, à force de diplomatie, conquis l'autorisation des conservateurs, notre ami se rend près de M. Combette et lui remet son bulletin. — M. Combette le lit attentivement, part, et revient avec *les Veillées du Château*.

— Mais ce ne sont pas *les Veillées du Château* que je vous ai demandées; c'est *Adèle et Théodore*.

— Eh bien! répond M. Combette, vous voulez lire madame de Genlis, n'est-ce pas? voilà un ouvrage de madame de Genlis!

Et M. Combette se remet tranquillement à la lecture du *Musée des Familles*.

Un autre jour, un lecteur lui présente un bulletin ainsi conçu : *les Grandes Chroniques de France*. Tout le monde sait qu'il s'agit de la Chronique de Saint-Denis. M. Combette fait un signe d'intelligence, part, et revient avec Froissart. Vives réclamations. Cette fois, M. Combette eut un léger mouvement d'impatience, et ce fut avec une nuance d'aigreur assez prononcée qu'il répondit :

— Eh bien! vous demandez des chroniques, n'est-ce pas? en voilà une; lisez d'abord celle-ci, je vous en donnerai une autre après...

M. Paul Chéron, l'employé du milieu de la salle, n'est occupé qu'à se dissimuler le plus possible aux yeux du public. Pour cela, il s'entoure d'une citadelle de livres, qui ne laissent voir qu'une tête jaune; le reste de son corps est engouffré dans un fauteuil immenso. Son vœu serait de passer pour un lecteur ordinaire, pour le premier venu. Lorsqu'on l'interroge, il ne répond pas ; insiste-t-on, il gémit, il lève les yeux au ciel, il frappe du pied. Gardez-vous de lui demander aucun renseignement ! — Est-il frappé en pleine poitrine par un bulletin lancé du bureau central, M. Chéron se résigne ; il s'arrache lentement à son fauteuil, il prend le bulletin des mains du quidam, sans le regarder, sans l'écouter. Ce quidam a dérangé M. Chéron, — M. Chéron ne pardonnera jamais à ce quidam.

De quelle occupation cependant a-t-on détourné M. Chéron ? M. Chéron refait *la France littéraire* de Quérard, — que M. Quérard refait lui-même de son côté. Mais cela est bien égal à M. Chéron !

Le troisième employé, M. Vintre, occupe, comme nous l'avons dit, le fond de la galerie, à côté de la salle vitrée, dite salle du Parnasse. M. Vintre n'a que deux manies : — la première, c'est de vous dissuader de prendre l'ouvrage que vous lui demandez ; — la seconde, c'est, lorsque la première n'a pas réussi, de vous envoyer vous-même chercher votre livre, sous l'escorte d'un *frotteur*.

⁂

A l'aide de ces trois silhouettes, on peut déjà formuler l'axiome suivant :

Tout bibliothécaire est ennemi du lecteur.

III

LE BUREAU CENTRAL. — MM. PILLON, DE MANNE, RICHARD, BAUDEMENT. — M. DAURIAC OU D'AURIAC.

Le bureau central est assez spacieux pour recevoir quatre ou cinq conservateurs à la fois. Il est exhaussé comme une estrade et adossé au jour. — C'est là que trônent à tour de rôle MM. Pillon, de Manne, Richard et Baudement.

M. Pillon est le plus petit homme de la Bibliothèque : il est gris, sa tête est ronde, son œil est vif. *Il sait le grec, ma sœur!* il a composé des ouvrages sur le grec; demandez-lui un ouvrage en grec, et vous surprendrez aussitôt un reniflement de sa narine gauche, — signe infaillible de son contentement. La conséquence de cette hystérie hellénique est un mépris souverain pour ceux qui lui demandent Musset ou Victor Hugo. Pourtant M. Pillon n'est pas tellement détaché des choses de ce siècle qu'il ne s'amuse encore, — comme feu son père, — à écrire des comédies en vers français, qu'il apporte pieusement au Théâtre Français, lequel les lit, les reçoit, et... voilà tout. — Signe particulier : une loupe en verre, qui lui sert à déchiffrer les bulletins.

Le torse redressé, le front découvert, l'œil belliqueux, tel est M. de Manne, la fleur des pois des conservateurs, l'homme du monde des Imprimés, celui que ses confrères interrogent pour savoir les modes, la chronique des ruelles, ce qui se dit au dehors. — Il écrit toujours quantité de lettres, ce qui lui est un prétexte pour renvoyer le public à son voisin. — Dans sa jeunesse, M. de Manne annonçait des dispositions à la gaieté en s'introduisant dans l'horloge de la Bibliothèque, dont il faisait tourner les aiguilles.

M. Richard, tête de Moïse, — nature pacifique; — un mélomane.

M. Baudement est furieux d'avoir été transporté de la Bibliothèque Mazarine, un Eden, à la Bibliothèque Impériale, un purgatoire! — Il s'en console en collectionnant, assure-t-on, toutes les demandes drôles qui lui arrivent. (Et les réponses drôles, qui est-ce qui les collectionne?)

Comme un spectre, long, noir, indéfinissable, barbu, sans yeux sous ses lunettes, M. Dauriac ou d'Auriac sort tout à coup du double plancher du bureau central. Il est en quête d'une *éphéméride*. L'éphéméride trouvée, au moment de la signer et de l'envoyer au *Siècle,* il se penche vers M. de Manne, et lui demande à voix basse des nouvelles du monde politique. Selon sa réponse, M. d'Auriac maintient ou supprime l'apostrophe de son nom. C'est un baromètre que consultent beaucoup d'abonnés. — A propos de ces variations orthographiques, un habitué de la Bibliothèque, qui juge les hommes sur leur style, s'étonnait que cet écrivain ne signât pas : *d'Aurillac.*

Il y a encore d'autres conservateurs au département des Imprimés, mais ils ne se tiennent pas dans la grande salle et ils n'arrivent qu'à midi. Nous en parlerons au chapitre de la Réserve. — En attendant, tournons nos yeux vers le public ; et, afin de donner une idée des formalités indispensables pour obtenir communication d'un livre, introduisons un personnage allégorique, — l'homme *à tiroir* des Revues, — le Parisien.

IV

LE PARISIEN

Le Parisien est cet homme, ce flâneur, ce premier venu qui passe rue Richelieu et qui s'arrête devant la Bibliothèque, en y voyant entrer successivement plusieurs personnes.

— Tiens ! se dit le Parisien, comment se fait-il que je n'aie point encore songé à visiter l'*intérieur de ce monument ?* Il est vrai qu'en ma qualité de Parisien je ne connais pas davantage la Sainte-Chapelle, le musée de Cluny et les Gobelins. Ne laissons pas au moins échapper aujourd'hui l'occasion de connaître la Bibliothèque.

Il dit, et franchit la porte. A sa démarche incertaine, le suisse ou concierge, qui est un ancien militaire décoré, ouvre bruyamment le vitrage de sa loge et lui demande où il va. Mais le Parisien et le concierge se reconnaissent bien vite : il leur suffit d'un coup d'œil pour cela, — et d'une grimace. Le Parisien continue d'avancer, lorsqu'un second vitrage s'ouvre à sa gauche ; une voix de femme l'invite avec douceur à déposer, selon le règlement, ses *armes, canne ou para-*

pluie au vestiaire. — Cher parapluie! faut-il que le Parisien se sépare de toi? — Il hésite un moment, mais l'envie de voir la Bibliothèque est la plus forte. Il dépose son parapluie, de l'air d'un héros qui rend son épée; il va même plus loin; il veut être généreux: il offre deux sous, — que madame Rotie refuse, à son grand étonnement.

Le Rubicon est franchi. — Voici le Parisien dans la cour; il monte l'escalier de la salle de lecture et se sent aussitôt saisi d'une terreur sacrée à l'aspect des hiéroglyphes et des bas-reliefs qui décorent les murailles. Peu s'en faut que le bruit de ses pas ne l'épouvante. Il n'en pousse pas moins la porte, mais il oublie de la refermer, ce qui soulève un orage de réclamations. Un garçon de salle l'engage du reste à retourner sur ses pas. La porte refermée, le Parisien demeure indécis; il se décide pourtant à aller au pupitre où M. Combette lit *le Musée des Familles*.

— Monsieur... murmure timidement le Parisien.

Sans le regarder, sans lui répondre, sans interrompre sa lecture, M. Combette tend vers lui la main. Confondu, et se demandant quels sont ses droits à une marque aussi honorable de familiarité, le Parisien va pour serrer cette main, quand M. Combette lui demande:

— Où est votre bulletin?

— Mon bulletin, monsieur? répète le Parisien, la main toujours avancée.

— Oui, il faut un bulletin; apportez-moi un bulletin; vous reviendrez quand on vous en aura donné un. Comprenez-vous?

— Mais...

— Parlez au garçon de salle, dit M. Combette en se replongeant dans *le Musée des Familles*.

Le garçon de salle indique au Parisien le bureau central, où plusieurs personnes sont engagées en conversation avec les bibliothécaires. Le Parisien croit de la politesse d'attendre ; à cet instant, ses yeux tombent sur un avis ainsi conçu : « *On est prié de ne pas stationner devant le bureau.* » — Il se retire à l'écart, et il y serait encore si un deuxième garçon ne venait à lui :

— Qu'est-ce que vous attendez ?

— Un livre, répond le Parisien.

— L'avez-vous demandé ?

— Non.

— Adressez-vous à ce monsieur à barbe blanche.

C'est à M. Richard que le garçon l'envoie.

— Monsieur, dit le Parisien, je désirerais lire les *Victoires et Conquêtes*.

M. Richard donne au Parisien un petit papier imprimé, avec des blancs à remplir ; et, comme il remarque son incertitude, il ajoute :

— Ecrivez là-dessus votre demande.

— Où ? comment ? semble dire le regard du Parisien.

— Vous trouverez, sur un de ces pupitres, tout ce qu'il faut pour écrire.

Le Parisien se rend au pupitre indiqué. En chemin, il lit le bulletin qu'il vient de recevoir, et qui est rédigé comme suit :

N°	BULLETIN DE DEMANDE	RÉSULTAT des recherches.
Indiquer aussi exactement et aussi lisiblement que possible dans la colonne ci-contre :		1° Au catalogue :
1° Les nom et prénoms de l'auteur ; 2° le titre, le lieu, la date de publication et le format de l'ouvrage demandé.		
3° Le nom et le domicile du demandeur.		2° Sur les rayons.

Ce luxe de précautions inquiète passablement le Parisien. Trois autres choses l'embarrassent en outre :

Il ne connaît pas l'auteur des *Victoires et Conquêtes;*

Il ne sait pas le nom du libraire ;

Il ignore la date, le lieu et le format de la publication.

Alors, décontenancé, et n'osant retourner vers M. Richard pour lui faire part de son ignorance, le Parisien prend le parti de s'en aller, — et il s'en va, — heureux cependant d'avoir *visité l'intérieur de la Bibliothèque.*

V

KASANGIAN L'ARMÉNIEN. — VARIÉTÉS DE LECTEURS.

Ouvrons la digue. — Voici le vrai public !

Le premier arrivant est cet Arménien, connu de tout

Paris. A peine le dernier coup de dix heures a-t-il retenti, qu'il s'élance dans la cour et va boire de l'eau à la coupe de fer. Puis il monte et assiége le bureau central, dont il est la terreur : il dresse des échelles contre M. Pillon, il jette une corde à nœuds par dessus le pupitre de M. de Manne. — Les conservateurs se rendent et lui donnent ce qu'il veut.

Cet Arménien a nom Kasangian. — Il porte une robe brune et une calotte de velours vert. Depuis de longues années, il travaille à un dictionnaire arabe. On a remarqué qu'à lui seul il usait un exemplaire de Bescherelle par année. — Kasangian se plastronne d'une trentaine de volumes ; mais il n'en est pas moins pour cela toujours en mouvement ; il a marqué sa place auprès du bureau central, afin d'avoir les conservateurs sous la main et de pouvoir recourir à eux pour ses renseignements, ce qu'il fait toutes les cinq minutes. Ses préférences s'adressent surtout à M. Pillon, qu'il agace, qu'il tanne.

En dehors de l'arabe, Kasangian n'a qu'un sujet de conversation : les cravates. Il ne comprend pas comment on peut porter des cravates. Il tient, dans son baragouin, de longs discours à M. Pillon, pour l'engager à ôter la sienne.

— Vous serez bien mieux, dit-il ; regardez-moi !

Mais d'autres personnes environnent le bureau central. Kasangian essaie en vain de lutter contre le flot montant. Il est repoussé avec perte.

*
* *

Voici le vieux M. Guyot-Defer, l'ancien libraire,

qui copie littéralement, depuis quatre ans, les *Mémoires de Saint-Simon,* et qui se forme ainsi une petite bibliothèque économique. Il vient de terminer le vingtième volume, et veut absolument avoir le vingt et unième. M. de Manne a toutes les peines du monde à lui persuader qu'il n'existe pas.

— Que vais-je copier maintenant? demande M. Guyot atterré.

— Ce que vous voudrez, répond M. de Manne.

M. Guyot-Defer ne paraît pas satisfait de cette réponse; son tic nerveux lui fait exécuter plusieurs grimaces successives; après quoi il va consulter son ami le frotteur, en sentinelle à la porte de la Traverse. — Au bout de cinq minutes de conversation, M. Guyot revient triomphalement et demande le premier volume de la collection Petitot. Il en a pour dix ans, cette fois; — mais on suppose qu'afin de ne pas perdre de temps, il demandera la permission de venir *travailler* pendant les vacances.

⁂

Un Particulier, *à M. Baudement.* — Monsieur, voulez-vous me donner les *Néréides* de Virgile, s'il vous plaît.

M. Baudement. — Répétez, monsieur.

Le Particulier. — Les *Néréides*.... de Virgile.

M. Baudement. — Avec plaisir, monsieur. (*Il prend des notes pour sa collection.*)

Un Monsieur souriant, *à M. de Manne.* — Monsieur...

M. de Manne, *écrivant une lettre*. — Adressez-vous à côté.

Le Monsieur souriant, *à M. Richard*. — Monsieur...

M. Richard. — Vous avez demandé quelque chose ?

Le Monsieur souriant. — Non, monsieur, pas encore. Je désire seulement savoir comment je dois m'y prendre pour faire un ouvrage qu'on m'a commandé sur les *moyens de conserver le raisin*.

M. Richard. — Etes-vous agriculteur ?

Le Monsieur souriant. — Non, monsieur. Mais si vous étiez assez bon pour m'indiquer la marche à suivre....

M. Richard. — C'est embarrassant.

Le Monsieur souriant. — Je le sais bien, monsieur.

M. Richard. — Revenez demain ; je ferai faire des recherches.

***

Kasangian n'y peut plus tenir ; il se coule vers M. Pillon ; il fend la multitude.

M. Pillon. — Vous voyez bien que je suis encombré.

Kasangian. — Comment prononce-t-on le mot *armoire ?* Bescherelle ne s'explique pas là-dessus.

M. Pillon. — Eh bien ! *armoire*, parbleu ! *armoare*.

Kasangian. — C'est que, l'autre jour, j'ai entendu une portière dire : *ormoire*.

M. Pillon. — C'est une faute.

Kasangian, *incrédule*. — En êtes-vous bien sûr ?

M. Pillon. — Oh! laissez-moi. Il faut que je réponde à tout le monde. Je n'y puis suffire.

*_**

Un vieux Monsieur, *à M. Baudement*. — Eh bien! monsieur, mon livre n'arrive donc pas?

M. Baudement. — Quel livre?

Le vieux Monsieur. — Celui que j'ai demandé. Voilà une heure que j'attends.

M. Baudement. — Voulez-vous me rappeler le titre de l'ouvrage?

Le vieux Monsieur, *avec agitation*. — Mais je l'ai écrit sur mon bulletin, monsieur!

M. Baudement. — Je n'en doute pas; pourtant il est utile que vous me le rappeliez.

Le vieux Monsieur. — Dame!... écoutez donc... je ne m'en souviens plus... depuis le temps!

*_**

Un Lecteur insouciant, *présentant à M. de Manne un bulletin qu'il vient de remplir*. — Monsieur...

M. de Manne. — Qu'est-ce que vous avez mis là-dessus?

Le Lecteur insouciant. — Vous voyez: mon adresse, mon nom.

M. de Manne. — Oui; mais vous avez oublié d'indiquer l'ouvrage que vous désirez.

Le Lecteur insouciant. — Oh! mon Dieu, le premier venu.

M. de Manne. — Comment! le premier venu!

Le Lecteur insouciant. — Celui que vous voudrez.

M. de Manne. — Dans quel genre?

Le Lecteur insouciant. — Cela m'est égal; je n'y tiens pas.

M. de Manne, *impatienté*. — Ni moi non plus, monsieur; décidez-vous.

Le Lecteur insouciant. — A votre choix.

***

Kasangian profite d'une éclaircie pour venir poser une nouvelle question à M. Pillon.

Kasangian. — Je suis indécis sur la prononciation du mot : *avant-hier*. Faut-il dire : *avan-hier*?

M. Pillon. — Non.

Kasangian. — *Avan-z-hier*, alors?

M. Pillon. — Non.

Kasangian. — Comment faut-il donc dire?

M. Pillon, *haussant les épaules*. — *Avant-thier*.

Kasangian. — C'est singulier! N'aimeriez-vous pas mieux, comme moi, *avan-z-hier*?

M. Pillon. — Circulez, circulez! voici la machine qui m'apporte des livres.

***

L'histoire suivante est connue. — Mais elle est si magnifique, si magnifique, que nous ne pouvons nous empêcher de la rééditer. Elle complète si bien le tableau!

Un Lecteur *à un conservateur*. — Faites-moi le plaisir de me donner un gros livre.

Le Conservateur. — Quel gros livre ?

Le Lecteur, *d'un ton affairé*. — Le plus gros, s'il vous plaît.

Le Conservateur, *surpris*. — Mais pourquoi faire ?

Le Lecteur. — Pour m'asseoir dessus.

Autre trait.

Un matin, avant d'entrer, nous relisions le règlement, — qui est placardé sur la porte, comme nous l'avons dit.

Nous fûmes distrait par une scène entre un lecteur et un frotteur.

Le lecteur était planté devant une de ces petites portes qui communiquent avec les combles; il fourgonnait tranquillement dans la serrure avec la pointe d'un couteau.

Un frotteur était survenu, épouvanté.

Le Frotteur. — Que voulez-vous faire, monsieur ?

Le Lecteur. — Vous le voyez bien... monter au balcon.

Le Frotteur. — Comment ! comment ! monter au balcon ! Mais le public ne monte pas au balcon, monsieur.

Le Lecteur. — Je voulais épargner cette peine aux employés, en allant chercher mon livre moi-même.

Le Frotteur. — C'est impossible, monsieur.

Le Lecteur. — Je sais bien où il est, mon livre ; voilà vingt-cinq ans que je viens à la Bibliothèque.

Le Frotteur. — Je ne dis pas non.

Le Lecteur. — Je la connais parfaitement, la Bibliothèque ; je la connais mieux que personne, parbleu !

Le Frotteur. — Oui, monsieur, mais...

Le Lecteur. — Mon livre est dans les R, au balcon, salle du Parnasse, un peu à gauche de l'oreille droite du buste de M. Van Praët, en tirant vers le dessus des cercueils des momies égyptiennes.

Le Frotteur. — J'entends bien, monsieur, mais vous ne pouvez pas aller chercher votre livre. Voyons, laissez cela.

Le Lecteur. — Ce serait l'affaire d'un instant.

Le Frotteur. — Laissez cela, vous dis-je !

Le Lecteur, *en soupirant*. — C'est dommage...

Ce lecteur obstiné appartenait évidemment à cette classe d'individus qui considèrent la Bibliothèque comme leur bien, leur propriété, leur immeuble, — qui se flattent d'en connaître les moindres détours, et à qui peut s'appliquer le mot de M. Victor Hugo sur Quasimodo : « La cathédrale rugueuse était sa carapace. »

Une demi-heure plus tard, en effet, nous le retrouvâmes auprès de M. de Manne.

— Pourquoi avez-vous mis un B au bas de votre bulletin, monsieur ? lui demandait M. de Manne.

— C'est pour indiquer que ce livre se trouve au balcon. Oh ! je sais bien où il est, allez ; je le vois d'ici, et si vous vouliez me permettre d'aller le chercher, ce serait l'affaire d'un instant...

* *
*

C'est entre une heure et une heure et demie que la salle de lecture offre l'aspect le plus animé.

On doit à la vérité, — à la triste et cruelle vérité, — de déclarer que les habits sordides, les collets plantureux, les chemises brunies, les pantalons frangés et luisants sont en majorité. Il y a là des vieillesses qui font mal à voir, des énergies sexagénaires plus douloureuses que des résignations. Certains corps, courbés par l'âge, amaigris par la misère, tordus, pitoyables, n'ont conservé de vivant et d'intelligent que les yeux ; et quelles flammes souvent ! — Ah ! je conçois qu'un père de famille, venu par hasard à la Bibliothèque, s'épouvante de ce spectacle et déchire en rentrant chez lui les manuscrits de son fils !

Pauvres gens ! braves gens ! innocents monomanes, fous candides, génies inconnus ou stupides chercheurs, amants de la Lettre ou de l'Idée, vous que rien ne rebute, qui attendez la justice jusque sur le bord de votre fosse et assistez aux triomphes des jeunes gens en vous contentant de dire avec un soupir : — J'aurai mon tour ! touchants rêveurs, qui vous voyez vivre dans l'avenir parce que vous vous voyez mourir dans le présent, travailleurs féconds ou stériles, je vous salue, mes frères !

Il n'y a pas que des infortunés dans la salle de lecture : — il y a des sergents qui viennent compléter leurs études ; il y a des clercs de notaire ou d'huissier qui écrivent leurs actes sur papier timbré ; — il y a des adolescents chevelus qui riment des drames historiques. Ce sont d'honnêtes et charmants habitués, ceux-là ; ils ne gênent personne, et ne s'occupent exclusivement que de leur travail. Mais combien d'autres qui sont insupportables de tout point ! L'un se penche sur votre épaule et veut absolument connaître l'ouvrage que vous lisez ; — l'autre vous prend votre plume dès que vous la déposez au bord de l'écritoire, et c'est à grand'peine qu'il consent à vous la rendre; il croyait, dit-il, qu'elle appartenait à la Bibliothèque ; — celui-ci a un tic nerveux ; — celui-là occupe une place énorme avec un livre géant; — ceux-ci causent tout haut, ils se sont reconnus, les voilà enchantés :

— Vous ici !
— Comme vous voyez.
— Et qu'y venez-vous faire ? Quel hasard ! Y a-t-il longtemps que vous avez vu Lémouchet ?
— Je l'ai vu dimanche ; il est définitivement en traité pour acheter la pharmacie de son frère.
— Pas possible ! c'est une boulette qu'il va faire... Mais mettez-vous donc là... Monsieur aura la complaisance de se reculer un peu.

Monsieur, c'est vous.

Et la conversation dure une demi-heure ; si vous réclamez le silence de ces deux importuns, ils parleront à voix basse, ce n'en sera que plus fatigant.

***

Il y a aussi des femmes.

Ce sont pour la plupart des personnes habillées d'une robe collante, coiffées d'une capote, maigres, vieilles et mornes.

Il n'y a pas d'exemple qu'une crinoline ait jamais été vue dans la salle de lecture.

VI

LA RÉSERVE. — M. MAGNIN. — M. RAVENEL. — M. KLEIN. — KOLL.

Devant le bureau central, on remarque deux grandes portes vitrées à travers lesquelles on aperçoit les énormes pôles de deux sphères gigantesques. — Nous ne pouvons assez plaindre le sort du visiteur qui, attiré par ces sphères, essaye de pénétrer dans cette salle, affectée spécialement au bureau du prêt et à la lecture des livres de la Réserve.

Divers procédés ingénieusement allégoriques sont d'abord employés pour l'en détourner : s'il se présente à la porte gauche, il cherche en vain une poignée à saisir, un bouton à tourner; la porte n'a point de serrure. Premier avertissement. — Trois grands frotteurs se tiennent près de là et le regardent avec une curiosité narquoise. Notre visiteur, s'apercevant de cet examen, croit à sa bêtise et promène avec plus de frénésie sa main sur les deux côtés de la porte. Cette minutieuse inspection est infructueuse, et c'est un peu ému qu'il se retire, en disant tout haut, à l'intention des frotteurs :

— Ah ! c'est sans doute la porte à droite !

Et il se dirige vers la porte à droite. Il la trouve barricadée par M. Chéron.

Le visiteur n'y comprend rien. Pourtant il aperçoit du monde dans cette salle ! — Il se décide à remonter vers le bureau des conservateurs, et il se trouve nez à nez avec M. Baudement. Celui-ci le questionne avec intérêt, apprend avec étonnement la cause de sa perplexité, fait un geste de commisération et ordonne à un frotteur d'introduire le suppliant.

C'est alors que la porte de gauche s'ouvre toute seule, à l'aide d'un ressort invisible.

Le voilà donc dans la Réserve, — l'heureux mortel !

Il y est entré pâle, il en sortira rouge et furieux de la façon dont il aura été reçu. Mais le coup a réussi, il n'y reviendra plus. Le malheureux ne sait pas qu'on a réuni dans cette salle des employés misanthropes, hypocondres, et dont la mission est de faire comprendre au public qu'il y a de l'impertinence à ne pas se contenter de la grande salle de lecture ; que la sagesse du conservatoire ayant composé un choix des ouvrages les plus connus et les ayant rassemblés dans un local très-grand et fort bien chauffé, l'esprit humain devait se montrer satisfait, — à moins d'aliénation complète.

Personnel de la Réserve :

Deux conservateurs supérieurs, — arrivant à midi, parce qu'ils sont supérieurs, — M. Magnin et M. Ravenel.

Un employé, M. Klein.

Un domestique, — Koll ou Colle, peut-être Col.

M. Magnin est marguillier des Petits-Pères et auteur

d'une *Histoire des Marionnettes*. Il marche comme si chacun de ses membres était soulevé par un fil d'archal. Plus poli que M. de Coislin, il ôte son chapeau trois fois : la première fois en ouvrant la porte de la salle de lecture, la seconde fois en passant devant le bureau central, la troisième fois en entrant dans la Réserve. Un peu avant trois heures, il part avec un cliquetement d'os et se rend devant la boutique de Chevet, où chaque belle pièce lui cause un mouvement de satisfaction qui se manifeste par des gestes numérotés.

Un nom de fleur; — M. Ravenel. Il a raccourci Bachaumont, — après Merle. Il a expliqué mademoiselle Aïssé. C'est un autre genre de roideur que M. Magnin : la roideur d'un maître d'études.

Non loin de lui se tient, comme un Roustan blanc, un individu silencieux et répondant ou plutôt ne répondant pas au nom de Koll. Il semble que M. Ravenel ait vendu son ombre, comme Pierre Schemil, et que cette ombre se soit matérialisée en Koll. Est-ce un employé? n'est-ce qu'un domestique? — Ténèbres!

Nous allions oublier M. Klein, qui prête les livres aux habitués de la Réserve, — des livres du xve siècle ordinairement. — M. Klein est un employé du genre Chéron.

En résumé, cette salle, avec ses deux boules et ses bibliothécaires roides comme des pieux, ressemble à un jeu de quilles où le lecteur est reçu comme... Munito.

VII

LA SALLE DU PARNASSE. — LE CABINET DES MÉDAILLES

A l'extrémité de la salle de lecture, — derrière le bureau de l'employé qui aime tant les images, — on arrive à une petite porte perdue dans un vitrage immense. Dès qu'on presse une pédale du parquet, cette porte s'ouvre et donne accès dans la salle du Parnasse de Titon du Tillet. Là, sur un rocher de bronze, Louis XIV, en costume d'Apollon, fait la grimace à mesdames Deshoulières, de Scudéry et de la Suze, qui figurent tant bien que mal les trois Grâces. Une série de personnages célèbres se déroule au-dessous ; Corneille, avec une flamme sur la tête, a l'air d'un chandelier, et Molière est en conversation avec un satyre, — on n'a jamais su dans quel but.

Les frotteurs de cette salle, soit conviction, soit malice, ne manquent jamais d'affirmer aux visiteurs que ces petits bonshommes représentent les conservateurs de la Bibliothèque.

A quelque distance du classique monticule, le portrait d'Aménophis III regarde amoureusement, — avec un œil de face sur une tête de profil, — une peinture où des papillons s'ébattent dans un champ de lotus.

La salle du Parnasse aboutit au cabinet des Médailles, qui se repose maintenant de la lutte terrible qu'il eut à soutenir avec le Chapitre de Saint-Denis, au sujet du fauteuil du roi Dagobert. Le Chapitre prétendait à la possession de fameux fauteuil, que, de leur côté, les administrateurs de la Bibliothèque s'obstinaient à regarder (peut-être témérairement) comme une *médaille*, et à vouloir retenir comme tel dans leur cabinet. — Les débats furent longs et vifs ; un autre Boileau y aurait vu le sujet d'un autre *Lutrin*.

Il n'y a qu'une manière de trancher ces différents, elle est vieille comme le monde, et ce fut celle-là que le Musée du Louvre employa. Il confisca à son profit le fauteuil du roi Dagobert, et se contenta d'en envoyer une copie en fonte à ceux qui avaient crié le plus haut, c'est-à-dire à messieurs du Chapitre de Saint-Denis.

Le cabinet des Médailles recouvre un mystère soigneusement caché par tous les employés, mais qu'il est, au bout du compte, utile de dévoiler dans l'intérêt de l'art. Il n'y a peut-être pas à Paris deux cents personnes, parmi les amateurs et praticiens, à savoir qu'au cabinet des Médailles il existe un premier étage, et que ce premier étage renferme une collection excessivement curieuse d'antiquités chinoises, égyptiennes, etc. Pourquoi dérobe-t-on ce musée à tous les yeux ? *Telle est la question*, dirait Shakspeare, — en français.

Nous engageons vivement nos lecteurs à insister, les mercredis ou les vendredis, pour visiter le premier étage du cabinet des Médailles.

VIII

LA SALLE DES MANUSCRITS. — UNE CORRESPONDANCE AMOUREUSE.

Ce qui frappe d'abord au département des Manuscrits, c'est l'absence de la plupart des employés. Cela se comprend, du reste : ces messieurs sont *tous* membres de l'Institut, et le droit au cumul n'a pas encore entraîné pour eux le don d'ubiquité (1).

Les hommes qui ont restauré avec tant d'intelligence et d'éclat la façade de la Bibliothèque sur la rue Vivienne, devraient bien pénétrer dans cette grande salle et lever les yeux sur le plafond de Romanelli. Si l'on ne s'en occupe bientôt, ces magnifiques fresques finiront par être complétement détruites.

Nous nous demandons également pourquoi les conservateurs ensevelissent sous des rayons de manuscrits les peintures de Grimaldi Bolognese, — qui font face aux paysages des croisées.

Et le plafond de Simond Vouet, dans la chambre à coucher du cardinal Mazarin, convertie aujourd'hui en salle des manuscrits chinois? Il est aussi dans un état déplorable.

**

Touchons aussi délicatement que possible deux

---

(1) La nouvelle loi a déclaré les fonctions de bibliothécaire incompatibles avec tout autre emploi.

mots d'un petit scandale à l'eau de rose qui réjouit singulièrement encore les habitués de ce département. Nous voulons parler d'une collection de lettres amoureuses récemment semées par une main maligne à travers les feuilles des *Manuscrits*. L'auteur de ces épîtres où la passion le dispute à la poésie, et qui se reconnaissent toutes à une vignette représentant deux cœurs percés d'une flèche, ne serait rien moins, d'après la chronique intime, qu'un des gros bonnets de l'endroit. De qui émane cette vengeance empreinte d'un raffinement tout littéraire? C'est ce que chacun ignore. Toutefois, rien de curieux comme l'apparition subite, au milieu des plus vénérables parchemins, de cet amour moderne, rappelant à la fois la nonchalance créole de Bertin et la verve française, même un peu impie, de Parny. Le signataire est, dit-on, aux abois; ses efforts pour rentrer dans la possession de cette inestimable correspondance sont inouïs; mais les lettres se succèdent, innombrables, imprévues, oubliées, — *et leur flot monte toujours!*

IX

LES COURS DE LANGUES ORIENTALES. — LE JAVANAIS.

Dans les parages les plus déserts des bâtiments de la Bibliothèque sont dissimulées, par des amas de poussière, de sombres et mystérieuses salles, — au seuil desquelles il faut laisser, sinon l'espérance, du moins la gaieté.

Tout ce qui peut désagréablement rappeler l'enseignement des écoles primaires y a été réuni. Représentez-vous quelques files de bancs de bois vermoulu, dominés par un méchant bureau élevé sur une maigre estrade, puis un grand tableau noir auprès duquel se tient un invalide de service, somnolent, et couvant de l'œil avec amour son bonnet de soie noire et sa fidèle tabatière, posés sur un escabeau.

Ces salles humides et désertes constituent le local affecté à l'Ecole spéciale des Langues orientales vivantes.

C'est là qu'à de certaines heures du jour et du soir, on peut se procurer gratuitement une teinture d'arabe littéraire et d'arabe vulgaire, de persan, d'arménien, de grec.

C'est là que M. Foucaux explique en tibétain le *Rgya-Tch' er-rol-pa.*

Là que l'Indoustani Garcin de Tassy commente le *Bag-o-Bahar.*

Toujours là que le petit père Bazin continue l'amusante lecture du fameux et tant dramatique chapitre XII du roman en trois cent soixante-dix-sept volumes, intitulé *Houng-Leou-Meng,* en chinois moderne.

Encore là que l'énergique et excellent M. Dubeux se plaît à répéter ce conte qu'il raconte si bien, le beau conte des *Quarante Visirs.* — « Voilà un conte ! quel conte ! » s'écrieraient les trois clercs des *Contes drôlatiques.*

Il faut dire que M. Dubeux s'en donne à cœur joie, et que son humeur prolixe ne saurait être mieux placée qu'à l'Ecole des Langues orientales. Du temps où il remplissait les fonctions de conservateur-adjoint à la Bibliothèque, c'était le plus loquace des employés ; il parlait à lui seul autant que toute la section de l'Institut, et lorsqu'il avait lancé le grapin (M. Dubeux adore les termes de la marine) sur quelque placide habitué, celui-ci devait, bon gré mal gré, subir sa conversation. — « Je viens de faire mon heure de Dubeux, » était une expression passée en proverbe, comme chez les typographes *l'heure de Balzac*.

Mais la Providence fait bien tout ce qu'elle fait, et, de même qu'elle a voulu que le serpent à sonnettes prévînt lui-même de son approche les voyageurs, de même elle a décidé, dans sa sagesse, qu'un signe certain trahirait le voisinage de l'honnête M. Dubeux. Ce professeur a la singulière manie de porter sous ses bottes de fantastiques fers qui rendent un son terrible partout où il passe. — Ainsi grimpé sur ces espèces de patins, il ne pouvait faire un pas à la Bibliothèque sans que le public en fût prévenu dans un rayon de cent cinquante mètres, et eût de la sorte le temps de s'enfuir à toutes jambes.

Nous eûmes la curiosité, il y a quelque temps, d'assister à un de ces cours bizarres, — et voici, de point en point, le spectacle qui nous fut offert.

N'ayant jamais lu, en fait de langues orientales, que la traduction des *Mille et une Nuits*, par M. Galland, le hasard seul guida notre choix, et ce fut lui qui nous conduisit bravement au cours de javanais.

Notre entrée fit sensation.

L'invalide roula des yeux effarés et avança précipitamment la main sur sa tabatière. Outre cet invalide, l'assemblée était composée du professeur, — naturellement, — personnage maigre, mais solennel, et de deux auditeurs (nous ne racontons rien que d'historique). De ces deux auditeurs, l'un était un grand individu, pâle, mal nourri, aux cheveux jaunes tombant longuement et platement sur un collet indigeste ; l'autre était un *jeune-des-Langues* — on appelle ainsi les élèves de l'école — de douze à treize ans environ, ayant toute l'apparence de ces phénomènes que leur précocité intellectuelle dès le biberon rend complètement idiots à l'âge de trente ans.

Un trouble visible se répandit sur la figure du professeur à notre aspect. Il continua cependant son cours, mais en nous lançant d'obliques regards qui semblaient dire :

— Est-ce que, par hasard, celui-là saurait le javanais ? Diable ! diable !

Enfin, il n'y put tenir, et voulant en avoir l'esprit — et la chaire — nets, il nous interpella directement :

— Est-ce que monsieur s'est déjà occupé d'idiome javanais ?

La physionomie était indescriptible.

— Jamais, monsieur ! répondîmes-nous, en lui appliquant cette négative comme un baume.

La physionomie suivit plusieurs phases : elle s'éclaircit d'abord et insensiblement revêtit une certaine expression ironique.

— Vous désirez suivre le cours, monsieur ?

— Oui, monsieur.

— Vous n'avez probablement pas les livres nécessaires ; mais placez-vous auprès de ce jeune homme (il désignait le *jeune-des-Langues*), vous pourrez suivre sur son livre l'explication que je donne de la période dont nous nous occupons en ce moment.

L'étonnement nous envahit à notre tour, et franchement il y avait de quoi : un monsieur qui n'a jamais entendu ni lu un mot de javanais, et qui est invité à *suivre* sur un livre javanais, — cela nous parut raide. Mais nous étions décidé à tout, et nous nous assîmes auprès du jeune phénomène. Quant au fantôme à cheveux longs, il semblait étranger à tout ce qui se passait autour de lui.

Le professeur lança un coup-d'œil de triomphe à l'invalide, qui avait replacé sa tabatière sur la table, et il commença ainsi d'une voix vibrante :

— *Sultan Mahmoud el Malek, sultan Mahmoud el Mansour*... Je traduis, messieurs : Le sultan Mahmoud el Malek et le sultan Mahmoud el Mansour. — Je reprends, messieurs ; suivez bien sur le livre : *Sultan Mahmoud el Malek korassan abou Mirza el Kebir, arcituram catalamus el Mahmoud el Mansour*... Ce que je traduis, messieurs, par : Le sultan Mahmoud el Malek aimait beaucoup, chérissait tendrement, éperduement pour mieux dire, le sultan Mahmoud el Mansour.

Et ainsi de suite pendant une demi-heure.

Après cette demi-heure, le professeur s'arrêta, nous regarda par dessus ses lunettes et nous dit :

— Il y a ici, messieurs, un passage qui serait fort

obscur pour vous ; je vais le passer afin de ne pas interrompre le cours. Nous y reviendrons.

Continuation de la lecture du texte.

Dix minutes après, nouveau passage encore plus obscur, dont l'ajournement est également proposé par le professeur, — toujours pour ne pas interrompre le cours.

A ce moment, et à notre grande surprise, le *jeune-des-Langues* se leva, — et prononça ces paroles d'une voix glapissante :

— Mais, monsieur, permettez-moi de vous rappeler que ce passage a été traduit ; je l'ai lu avant-hier dans la *Chrestomathie* de Silvestre de Sacy.

— C'est possible, c'est possible, répondit le professeur ; mais il importe peu à la question.

Quelques moments après, la séance était levée.

Si peu versé que nous soyons dans l'étude comparative des langues, il y a cependant pour nous, comme pour tout le monde, une certaine mémoire des caractères typographiques. Or, depuis que nous *suivions* sur le livre javanais du jeune phénomène, nous étions tout surpris de reconnaître l'impression arabe. Lorsque nous nous trouvâmes dans la cour, nous ne pûmes nous empêcher de lui soumettre notre remarque.

Le phénomène nous répondit avec un inexprimable accent de compassion :

— Il faut, monsieur, que vous soyez aussi *nouveau* que vous l'êtes pour ignorer que le javanais, cette langue si belle, si riche, appelée à de si hautes destinées philologiques, n'est jusqu'à présent qu'une langue *parlée*. Une convention de la science à seule décidé qu'elle serait figurée par les signes de la langue arabe.

Nous nous inclinâmes devant cette explication, qui en vaut une autre d'ailleurs, — qui en vaut même deux autres, — et nous gagnâmes la grande porte.

X

UNE SÉANCE DU CONSERVATOIRE.

A certains jours et à certaines heures, le public des *Imprimés* voit les conservateurs quitter leurs bureaux et se diriger vers la salle du Parnasse. A l'extrémité de cette salle, les conservateurs sont rejoints par leurs collègues des *Médailles;* — ils continuent leur route de concert et rencontrent en haut du grand escalier leurs confrères des *Manuscrits;* — lesquels sont attendus au palier du dessous par ceux des *Cartes et Plans;* ils prennent, en passant, l'état-major des *Estampes*, qui les attend sous le grand vestibule, et tous se dirigent vers une petite porte, dont le secret est encore plus rigoureusement mystérieux que celui de la porte des Sphères.

Cette porte franchie, le flot des conservateurs traverse une cour, monte trois marches et se trouve dans un jardin piteusement animé par plusieurs carrés de choux, au milieu desquels se balancent des tiges de *soleils*. Près du plus élevé de ces soleils se tient Combat, le chef de service, coiffé *en bataille,* l'attitude automatique et une lourde clef à la main. — Combat se place à la tête du convoi et se dirige vers une grille de fer, qui grince en s'ouvrant, comme la porte du tombeau de Toutmès III.

Le cortége s'engage dans un sombre vestibule, descend quatre marches, traverse une seconde et immense cour où l'herbe dispute la place aux pavés, et arrive enfin à une dernière porte, d'un aspect lugubre, et qui semble clore une concession à perpétuité.

Cette porte ouvre le saint des saints, — le Conservatoire, — c'est-à-dire l'endroit où se réunissent les conservateurs des divers départements de la Bibliothèque, pour discuter les intérêts sacrés de cette institution. L'intérieur du Conservatoire est d'une apparence malheureuse; c'est une salle basse, carrelée, insuffisamment éclairée par d'étroites fenêtres à petits carreaux vert-bouteille. Les fauteuils sont recouverts de housses en serge verte; la basane des vieux bureaux est martyrisée d'éraillures et de coups de canif.

Les conservateurs prennent place.

M. Pillon est un peu retardé par Kasangian, qui le poursuit et veut absolument connaître la signification précise de tous les synonymes du mot *garde-robe*.

On a mille peines à faire asseoir M. Haaze, qui persiste à saluer le dos de M. Magnin, qui salue le fauteuil vide du directeur démissionnaire.

Ces deux messieurs sont les plus cérémonieux du Conservatoire, mais avec une grande dissemblance. — M. Haaze salue, lui, très-gracieusement, une main sur son cœur et en balançant la tête de droite à gauche. M. Magnin, au contraire, salue en trois mouvements, qui semblent se détacher de son corps, comme des pièces mécaniques.

4.

On parvient cependant à le faire asseoir, et le rapporteur annonce que la séance est ouverte.

M. de Manne éternue indécemment.

M. PAULIN PARIS.. — Je crois que vous vous enrhumez, de Manne; vous avez eu tort de vous faire couper les cheveux...

M. de Manne lance un regard furieux à M. Paulin Paris, — une des belles chevelures de la science.

Moment de silence, pendant lequel l'assemblée contemple avec intérêt M. de Pongerville, qui se livre à son passe-temps favori. Personne n'ignore que le traducteur de Lucrèce a le don de manipuler sa figure comme si elle était en caoutchouc. Sans que rien l'oblige à ce travail singulier, on le voit tout à coup s'aplatir la tête avec force; toutes les lignes du faciès s'écartent alors horizontalement et produisent le sourire le plus étendu et le plus affable. — Puis, quelques minutes après, subitement, par une adroite et audacieuse contraction, M. de Pongerville produit en longueur ce qu'il exécutait en largeur; sa physionomie, tout à l'heure aussi vaste que celle de Ducis, devient en un clin d'œil aussi longue que celle de Paganini; il souriait il n'y a qu'un instant, à présent il est féroce.

— Etrange! Etrange!

Un quart d'heure s'écoule, comme à l'ordinaire, dans la contemplation de ce phénomène.

M. JOMARD. — Messieurs, avez-vous vu l'enterrement du prince d'Oude?

M. REYNAUD. — Ma foi non, et je le regrette beaucoup; je n'aurais pas été fâché de déchiffrer les versets peints sur le drap mortuaire. Cela fournit toujours l'occasion d'un petit rapport à l'Académie des Inscriptions et Belles-Lettres.

M. Lenormant. — Moi, j'y ai bien pensé ; mais il faisait si froid !

M. Berger de Xivrey. — Bah ! vous êtes trop frileux ; vous voudriez toujours être sur votre four à chaux de Saint-Eloi.

M. Lenormant, *écarlate de courroux.* — Un tombeau, monsieur ! un tombeau mérovingien ! Je le soutiens, malgré le corps des ponts et chaussées, malgré tout, malgré...

Les Conservateurs. — Allons, Lenormant, allons !

M. Jomard. — Ah ! c'était la cérémonie de l'embaumement de la reine d'Oude qu'il fallait voir ! Toutes les femmes de sa suite étaient déshabillées jusqu'à la ceinture...

Les conservateurs s'entre-regardent.

M. Haaze rougit.

M. de Pongerville, *en largeur.* — J'ai failli y aller, mais je n'ai pas trouvé de place dans l'omnibus de la rue du Bac.

M. Jomard. — Vous auriez pu prendre celui des ministères, qui passe par la place de la Concorde, la rue Royale, la rue Saint-Honoré, la rue de la Paix, les boulevards, la rue de la Chaussée d'Antin et enfin la rue de Provence, qu'il parcourt dans toute son étendue pour passer juste au coin de l'hôtel Laffite.

M. de Pongerville, *en longueur.* — C'est vrai.

M. Haaze, *appuyant solennellement sur les mots.* — Messieurs, ces omniiibus sont trèèès dangereûûûx par le temps qu'il fait ; on y prend froâd et l'on risssque, d'y gagner la grrriippppe ! (*Il tousse, comme pièce à l'appui ; M. Magnin le salue.*)

M. LACABANE. — Ah çà ! cette épidémie de grippe est très-persistante cette année.

M. NATALIS DE WAILLY. — Cela pourrait bien nous amener un peu de choléra.

M. JOMARD. — J'ai quelques motifs pour en douter ; il existe en ce moment beaucoup de fièvres typhoïdes, et vous savez, messieurs, que ces deux maladies sont ennemies... mortelles.

LES CONSERVATEURS, *révoltés.* — Oh !

M. LENORMANT. — A bas les jeux de mots !

M. REYNAUD. — On m'a parlé d'une tisane fort salutaire : c'est une décoction de dattes, édulcorée avec beaucoup de gomme arabique.

M. HAAZE. — Mettez-vous d'abord la gomme ou les dattttes ?

M. REYNAUD. — Je l'ignore ; mais je le demanderai à ma cuisinière, et je vous le dirai demain.

M. HAAZE. — Vous me ferez plaisiiiir.

Ici Combat entre et vient mystérieusement annoncer à M. Pillon que Kasangian est à la porte et désire lui parler. M. Pillon fait un soubresaut et répond à demi-voix quelques paroles énergiques à Combat, qui sort, — en souriant.

La séance continue.

M. DE PONGERVILLE, *en longueur.* — A propos, messieurs, savez-vous pourquoi il existe une commission qui inspecte en ce moment la Bibliothèque ?

M. HAAZE, *avec inquiétude.* — Non.

M. MAGNIN, *considérant M. Haaze.* — Non.

M. Ravenel. — Je le sais, moi, messieurs; il n'y a rien qui doive nous troubler. Il s'agit seulement de couvrir en verre la grande cour et le jardin, afin de les convertir en une immense salle de lecture.

Les Conservateurs, *respirant*. — Ah ! très-bien.

M. Pillon. — Encore une salle de lecture !

M. de Manne. — Si du moins elle était affectée spécialement aux dames....

M. Jomard. — Et que l'on vous en confiât la direction, n'est-ce pas, de Manne ? Ah ! badin ! badin ! (*M. de Manne fait une grimace de contentement.*)

En ce moment, on s'aperçoit que M. Berger de Xivrey et M. Paulin Paris se disputent vivement la découverte du cœur de saint Louis. — M. Léon Lacabane s'interpose, et cherche à pacifier les deux concurrents.

Le Rapporteur. — Messieurs, j'ai là une lettre d'un auteur, d'un homme de lettres nommé Saint-Christoly...

M. Haaze. — Je ne le connais pas.

Le Rapporteur. — Qui s'occupe, prétend-il, d'un travail très-approfondi sur la littérature dramatique, et qui demande l'autorisation de consulter le *Théâtre gaillard*.

M. de Pongerville, *en largeur, et vivement*. — Il est en lecture.

M. de Manne, *avec curiosité*. — Chez qui !

M. de Pongerville, *embarrassé, mi-largeur, mi-longueur*. — Chez une... une de nos dixièmes muses.

Ici on entend un bruit sec. — C'est M. Magnin qui se lève, en remuant faiblement le bras droit et la jambe droite. Il fait observer d'une petite voix grêle qu'il est attendu à la fabrique des Petits-Pères, et il demande la clôture, en regardant M. Ravenel d'un air suppliant.

M. RAVENEL. — Messieurs, l'heure avancée me fait prendre en considération la clôture proposée par notre honorable président, M. Magnin. Je mets aux voix la clôture. (*Toutes les mains se lèvent.*) Messieurs, la séance est levée.

M. Magnin se rend à son pèlerinage devant Chevet.

A la porte du Conservatoire, M. Pillon se trouve face à face avec Kasangian, qui lui demande lequel vaut mieux de prononcer *corridor* ou *collidor*.

LE
VAUDEVILLE DU CROCODILE

LE
VAUDEVILLE DU CROCODILE

—

M. Théophile Gautier. — Ecoute-moi, j'ai un vaudeville égyptien dans le ventre.

M. Bernard Lopez. — Un vaudeville égyptien ?

M. Théophile Gautier. — Sans doute. Le comique est de tous les pays ; le rire emprunte un même rictus au Caire et à Batignolles.

M. Bernard Lopez. — Tu as peut-être raison.

M. Théophile Gautier. — Il est temps d'ailleurs d'en finir avec le vaudeville bourgeois et à bajoues ; nous ne devons pas laisser se perpétuer indéfiniment la queue de morue dans l'art. Garagheusse vaut Arnal.

M. Bernard Lopez. — Crois-tu ?

M. Théophile Gautier. — Le répertoire contemporain manque de ragoût. Inaugurons le vaudeville trucidaire et portenteux.

M. Bernard Lopez. — Oh !

M. Théophile Gautier. — Je veux bien collaborer avec toi, parce que tu es un Espagnol.

M. Bernard Lopez. — Merci, noble ami.

M. Théophile Gautier. — Mais es-tu bien un Espagnol, au moins ? Ne m'as-tu pas trompé ?

M. Bernard Lopez, *avec éclat*. — Si je suis un Espagnol ? *Upa minions, alerte !*

M. Théophile Gautier. — Très-bien. Tu seras de moitié dans mon vaudeville.

>(*Entrent quelques amis de l'auteur de* Fortunio : *M. Ernest Feydeau, M. Gustave Flaubert, M. Mario Uchard.*)

M. Mario Uchard. — Bonjour, Théo.

M. Gustave Flaubert. — Théo, je viens de voir un Goya magnifique : cela représente un sabbat d'Empouses et de Brucolaques.

M. Ernest Feydeau. — Veux-tu partir avec moi demain, Théo, pour la Bactriane ?

M. Théophile Gautier. — Laissez-moi, je suis en train de faire du théâtre. (*A M. Bernard Lopez.*) Horrificque Lopez, te plaît-il d'ouïr le sujet de ma pièce ?

M. Bernard Lopez. — Je suis tout oreilles.

M. Théophile Gautier. — Vous autres, soyez rassurés ; il n'entre rien de piteux ni de cuistral dans mon affabulation dramatique.

Tous. — Voyons, Théo.

M. Bernard Lopez. — Y a-t-il, d'abord, une ouverture ?

M. Théophile Gautier. — Certes, oui, une ouverture triomphante et feuillue, exécutée par des trompettes d'airain, des harpes d'or et des lyres d'ivoire.

M. Ernest Feydeau. — Ajoutes-y des cymbales d'argent, Théo.

M. Gustave Flaubert. — Et des cistres de bronze.

M. Bernard Lopez. — Permettez cependant, messieurs.....

M. Théophile Gautier. — Vous avez raison ; j'en parlerai à Reyer ; il arrangera cela.

M. Bernard Lopez, *suppliant.* — Qu'il évite les frais surtout, car les directeurs sont intraitables !

M. Mario Uchard. — Continue, Théo.

M. Théophile Gautier. — Après cette ouverture, qui est une sorte d'invocation osirienne, la toile se lève et laisse voir un palais situé sur les bords du Nil. Des deux côtés de la scène sont assis, sur des trônes de granit rouge, deux colosses de soixante coudées, coiffés de la tiare, le cou ceint d'un triple collier de pierres précieuses, la barbe et les cheveux tressés, et tenant chacun à la main une fleur de lotus. Une étroite ceinture comprime leurs flancs grêles ; ils serrent fortement les genoux. — Vois-tu déjà l'effet de ce lever de rideau ?

M. Bernard Lopez. — Oui, oui....

M. Théophile Gautier. — Une gigantesque avenue de sphinx conduit à la façade du palais, Babel pharaonique, entassement prodigieux de pylones, de colonnades, de fresques, de jardins et de terrasses, se profilant sur le bleu implacable d'un ciel profond et traversé de cigognes blanches.

M. Bernard Lopez. — C'est un décor qui pourra paraître dispendieux aux Cogniard.

M. Théophile Gautier. — Par Aménoph! je n'en rabattrai cependant pas d'un obélisque.

M. Bernard Lopez. — Voyons toujours. As-tu là-dedans un bon rôle pour Leclère?

M. Théophile Gautier, *étonné*. — Pour Leclère?

M. Bernard Lopez. — Ou pour Lassagne?

M. Théophile Gautier, *dédaigneusement*. — Mais ce sont des hommes, cela.

M. Bernard Lopez. — Certainement, ce sont des hommes.

M. Théophile Gautier. — Eh bien! imagination bréhaigne, qu'est-ce que tu veux que nous en fassions? Dans un vaudeville égyptien, il ne doit y avoir ni hommes ni femmes. L'être humain gâte le paysage.

M. Ernest Feydeau. — Evidemment.

M. Théophile Gautier. — Il coupe désagréablement les lignes et il altère la suavité des horizons. L'homme est de trop dans la nature.

M. Gustave Flaubert. — Parbleu!

M. Bernard Lopez, *interdit*. — Dans la nature, soit; mais au théâtre...?

M. Théophile Gautier. — Au théâtre également. Il empêche de voir les toiles de fond.

M. Bernard Lopez. — Alors que mettras-tu dans ton vaudeville égyptien? Il y a des règles absolues: pour faire un civet, prenez...

M. Théophile Gautier. — Un lièvre. Précisément. Et pour faire un vaudeville égyptien, prenez un crocodile.

M. Bernard Lopez. — Un crocodile ?

M. Théophile Gautier. — Ne m'interromps plus, *majo*. Après le lever de la toile, le théâtre reste vide pendant quelques minutes, afin de laisser au public le loisir d'admirer les moires frissonnantes du fleuve et le sable pourpré du rivage. Tout-à-coup, une odeur pénétrante de musc se répand par toute la salle et annonce la présence d'un alligator, qui est, comme tu le sais, un crocodile de l'espèce sacrée. Tu ne m'objecteras pas, j'espère, que le musc est hors de prix ?

M. Bernard Lopez. — Non ; mais l'alligator...

M. Théophile Gautier. — Un vagissement le précède ; bientôt sa tête formidable s'élève lentement au-dessus du Nil ; les roseaux tremblent ; les iguanes rampent ; les grues s'envolent ; c'est un épouvantement général. L'alligator ouvre une énorme mâchoire, férocement ouvragée comme par un serrurier haineux ; son œil lance un jet de sang ; ses écailles craquent ; on dirait qu'il cherche à couper en deux cet enfant justement alarmé qui figure sur toutes les toiles truculentes des baraques de bateleurs, dans les champs de foire, dans les ducasses et dans les kermesses. Tu sais bien, Flaubert ?

M. Gustave Flaubert. — Le grand crocodile du fleuve des Amazones !

M. Théophile Gautier. — Il y a même un effet sur lequel je compte beaucoup ; c'est le moment où il fera mine de s'élancer sur le public.

M. Mario Uchard. — A ta place, je lui ferais au moins franchir l'orchestre.

M. Théophile Gautier. — J'y avais pensé, mais ce

serait m'écarter de mon sujet. Evitons les bavochures. Il faut absolument que mon crocodile intéresse. Voilà pourquoi, refermant sa gueule rubéfiante, on le voit se livrer à une cogitation qui laisse les spectateurs anxieux.

M. Bernard Lopez. — Chante-t-il un couplet?

M. Théophile Gautier. — C'est à discuter. Peut-être. La musique étant la lune de l'art, le couplet peut en être l'étoile. En attendant, *muchacho,* suis bien mon plan, que je crois charpenté de façon à terrifier Joseph Bouchardy lui-même.

M. Gustave Flaubert. — Nous n'en perdons pas une solive.

M. Théophile Gautier. — L'alligator est un père qui cherche ses enfants, comme sur les théâtres de boulevard. Quand je dis ses enfants, je veux dire ses œufs. Il les a cachés la veille dans une luxuriante touffe de roseaux; mais il ne peut plus reconnaître la place.

M. Ernest Feydeau. — Diable!

M. Gustave Flaubert. — Voilà une situation!

M. Bernard Lopez. — Oh! une situation!

M. Théophile Gautier. — Soudain une idée lui entaille le crâne; il pousse un cri immense : on lui a volé ses œufs! ses tendres et chers œufs! l'espoir et l'honneur de sa vieillesse d'alligator!

M. Mario Uchard, *essuyant une larme.* — Pauvre père!

M. Théophile Gautier. — Mais qui les lui a effarouchés?

M. Bernard Lopez. — Ah oui! qui?

M. Théophile Gautier. — C'est l'ichneumon du coin.

M. Bernard Lopez, *très-inquiet, à part*. — Encore un animal! Décidément, cela sort du cadre des Variétés.

M. Théophile Gautier. — L'ichneumon représente à la fois le traître et le comique dans ce vaudeville; il est marmiteux et plein de cautèle; il répond d'une manière évasive aux questions de l'alligator; de là, quelques scènes très-corsées, une fausse sortie, une conversation entendue derrière un mur...

M. Gustave Flaubert. — Un mur effrité?

M. Théophile Gautier. — Enfin, l'ichneumon, qui n'est après tout qu'une canaille relative, se voit obligé de rendre les œufs qu'il avait enfouis derrière la statue de Rhamsès II. Une réconciliation s'ensuit. Procession de scribes et de musiciens, agitant des tambourins carrés et soufflant dans la flûte à deux tubes. Quelques chameaux allongent leur col rugueux au bord des coulisses. La toile tombe avec ampleur.

M. Ernest Feydeau. — Déjà?

M. Théophile Gautier. — J'omets à dessein un petit rôle, destiné à relier les scènes entre elles : celui d'un ibis, qui fait les commissions. Eh bien! Lopez de Tolède, qu'est-ce que tu penses de ce vaudeville?

M. Gustave Flaubert. — C'est très-fort.

M. Bernard Lopez, *les mains au ciel*. — Il appelle cela un vaudeville!

M. Ernest Feydeau. — Je m'engage, Théo, à charmer l'alligator et l'ichneumon, de telle sorte qu'ils pourront répéter leurs rôles avant trois mois.

M. Gustave Flaubert. — Moi, je dresserai l'ibis à se tenir sur deux pattes.

M. Théophile Gautier. — Et toi, Bernard del Carpio?

M. Bernard Lopez, *s'affaissant sur lui-même.* — J'y renonce.

(*Mouvement de surprise et de dédain parmi MM. Mario Uchard, Ernest Feydeau et Gustave Flaubert.*)

M. Théophile Gautier, *sévère.* — Tu renonces à tourner le vaudeville vers l'Orient?

M. Bernard Lopez. — Pardonne-moi, Théo...

M. Théophile Gautier. — Tu refuses d'inaugurer le théâtre lumineux et frangé d'étincelles?

M. Bernard Lopez. — Mais la mise en scène...

M. Théophile Gautier. — Tu renâcles, enfin?

M. Bernard Lopez. — Grâce!

M. Théophile Gautier. — Tais-toi, tu n'es qu'un Espagnol de papier à cigarettes!

LES
PASTILLES DE RICHELIEU

LES
PASTILLES DE RICHELIEU

—

Le duc de Richelieu. — Veuillez prendre ce siége, monsieur, et vous asseoir. Je suis aise de m'entretenir pendant quelques instants avec un écrivain moderne. Il m'a été parlé de vous comme d'un homme fort épris des mœurs d'un siècle dont je fus, pendant quatre-vingts ans, le représentant le plus complet; je peux dire cela aujourd'hui que je suis mort. En outre, vous avez administré la Comédie-Française, pour laquelle j'ai signé autrefois bien des ordres de débuts; c'est un point de contact avec moi et un titre qui vous rend doublement intéressant à mes yeux. Asseyez-vous donc, monsieur Houssaye.

M. Arsène Houssaye. — L'ombre de M. le duc me permettra-t-elle, auparavant, de lui faire hommage de la nouvelle édition de mon *Violon de Franjolé?*

Le duc de Richelieu. — Très-volontiers.

M. Arsène Houssaye. — Et de mon *Repentir de Marion ?*

Le duc de Richelieu. — Certainement.

M. Arsène Houssaye. — Ainsi que de ma *Vertu de Rosine ?*

Le duc de Richelieu. — La *Vertu de Rosine* aussi. Voilà des titres du dernier galant, et je vois avec satisfaction que vous n'avez rien de noir dans l'esprit.

M. Arsène Houssaye. — Ni dans le cœur, monsieur le duc. J'ai mordu aux pommes de l'arbre de science, qui est l'arbre de l'amour et de la poésie; mais ma lèvre n'en a gardé aucune amertume. J'ai poursuivi l'idéal sous le pampre invisible et vers le divin rivage où chantent les sirènes; mais les rameaux de la désespérance n'ont jamais desséché mon front tout baigné de cheveux d'or. Lorsque les floraisons d'avril...

Le duc de Richelieu. — Si je vous comprends bien, cela veut dire que vous êtes blond. Je vous aurais cru moins barbu, moins élancé; néanmoins, on retrouve en vous le caractère mythologique du dix-huitième siècle : vous avez l'air d'un grand faune !

M. Arsène Houssaye. — N'est-ce pas ? J'aurais voulu vivre, en effet, au temps où Diane, la neige au sein et l'arc doré sur l'épaule, suivie de ses lévriers blancs, s'aventurait dans la forêt touffue des passions mystérieuses et inassouvies.

Le duc de Richelieu. — Bah ! contentez-vous de vivre dans ce temps-ci, où il vous reste, comme par le passé, des femmes charmantes et qui ont sur celles d'autrefois l'avantage de n'être pas des déesses, ce qui leur permet de s'humaniser plus souvent. Je gage qu'en ce qui vous concerne, vous n'avez eu que rarement l'occasion de vous plaindre de la vie.

M. Arsène Houssaye. — Eros m'a blessé.

Le duc de Richelieu. — Et moi aussi, parbleu ! J'aurais été désespéré qu'il m'oubliât ; on m'aurait vu voler au-devant de ses flèches. Mais ce ne sont là que blessures passagères. Dites-moi votre histoire ; je suis curieux de connaître une existence littéraire d'à-présent.

M. Arsène Houssaye. — Mon histoire, monsieur le duc ?

Le duc de Richelieu. — Oui. Contez-moi cela. (*Il tire de sa veste une boîte d'or avec laquelle il joue.*)

M. Arsène Houssaye. — C'est que... je l'ai déjà contée si souvent.

Le duc de Richelieu. — A qui ?

M. Arsène Houssaye. — A mes lecteurs.

Le duc de Richelieu. — Qu'est-ce que cela fait ? Je n'ai jamais écrit que la même lettre d'amour, et j'ai écrit à plus de six cents femmes.

M. Arsène Houssaye. — Un tel exemple est propre à m'enhardir.

Le duc de Richelieu, *ouvrant sa boîte d'or et la présentant à M. Arsène Houssaye.* — Avant de commencer, monsieur Houssaye, une praline.

M. Arsène Houssaye. — C'est trop de bontés, monsieur le duc. (*Il prend une praline et la croque.*) Exquise !

Le duc de Richelieu. — Je vous écoute.

M. Arsène Houssaye. — Je suis né dans un moulin...

Le duc de Richelieu, *riant*. — Tout moulin mène à la Comédie-Française.

M. Arsène Houssaye. — Dans un moulin du Vermandois. Le moulin faisait *tic tac*, et mon cœur ne tarda pas à faire *tic tac* comme le moulin. Le vent soufflait sur le moulin, l'amour souffla sur mon cœur. Mon cœur et le moulin tournèrent bientôt à la fois.

Le duc de Richelieu, *croisant une jambe sur l'autre*. — C'est très-joli. Continuez.

M. Arsène Houssaye. — Cécile venait tous les jours au moulin. Les roses du printemps avaient à peine quinze fois fleuri sur ses joues; elle avait des yeux bleus où Platon aurait voulu lire le poëme de la vie...

Le duc de Richelieu, *étonné*. — Platon?

M. Arsène Houssaye. — Oui, Platon; cela fait bien. Par malheur, Cécile avait des ailes comme le moulin. Un matin, Cécile s'envola, sans dire où elle allait. Peut-être ne le savait-elle pas elle-même. A quinze ans, sait-on où l'on va? Ah! Cécile, que n'étais-je du voyage!

Le duc de Richelieu. — Et le moulin aussi!

M. Arsène Houssaye. — Hélas! je restai seul dans le moulin, en tête à tête avec la Muse de la Mélancolie. Depuis le départ de Cécile, ce moulin me semblait le paradis perdu. Dans le moulin, il y avait un violon, qui avait appartenu à mon grand-père; je pris le violon et j'allai jouer sur la montagne un vieux air dont je ne puis me souvenir sans pleurer.

Le duc de Richelieu. — Remettez-vous, monsieur Houssaye.

M. Arsène Houssaye. — Je ne suis pas ému. Quand j'eus assez longtemps joué du moulin...

Le Souffleur.. — Du violon !

M. Arsène Houssaye. — Oui, du violon, je dis adieu à l'horizon natal, tout imprégné de senteurs agrestes, et je partis aussi pour faire le tour du monde; mais à peine si j'ai pu faire le tour de mon cœur.

Le duc de Richelieu. — Vous êtes cependant arrivé à Paris?

M. Arsène Houssaye. — Par les *Sentiers perdus*.

Le duc de Richelieu. — On m'a dit que vous aviez habité la maison de Voltaire.

M. Arsène Houssaye. — Au coin de la rue de Beaune; en effet. Mais ce que j'ai encore plus habité, ce sont ses œuvres.

Le duc de Richelieu. — Vous logiez dans les mansardes, apparemment.

M. Arsène Houssaye. — Eh non! j'occupais le premier étage; je couchais dans la chambre même du grand philosophe. Que de fois ne m'est-il pas apparu au milieu de la nuit, grimaçant et drapé dans ce suaire de marbre que lui a taillé Houdon!

Le duc de Richelieu. — Vous a-t-il parlé?

M. Arsène Houssaye. — Je le crois bien. Est-ce que Voltaire aurait pris la peine de revenir au monde pour se taire, — sans murmurer?

Le duc de Richelieu. — Que vous a-t-il dit?

M. Arsène Houssaye. — Il m'a dit : Tu seras directeur de la Comédie-Française!

Le duc de Richelieu. — Et vous, lui avez-vous répondu?...

M. Arsène Houssaye. — Rien du tout. J'ai remis ma tête sur mon oreiller, en riant de toutes mes forces. Je connaissais tant les mystifications de ce vieil Arouet! Le lendemain, je me vengeai en signant de son nom une nouvelle dans la *Revue de Paris*.

Le duc de Richelieu. — Vous êtes méchant.

M. Arsène Houssaye. — Que voulez-vous? Même au sein du luxe et sous les lambris dorés de Voltaire, je regrettais toujours l'heureux temps où je vivais dans mon violon.

Le Souffleur. — Dans mon moulin.

M. Arsène Houssaye. — Oui, dans mon moulin.

Le duc de Richelieu. — Violon, moulin; moulin, violon; sortons de là, monsieur Houssaye, et causons d'autre chose.

M. Arsène Houssaye. — Causons des roses, alors.

Le duc de Richelieu. — Des roses, soit.

M. Arsène Houssaye. — En ce temps-là, j'avais trente ans, et j'écoutais chanter mon cœur. Que chantait-il? l'hymne immortel, l'hymne de l'art. J'aimais Corrège, Prud'hon, Saint-Just, Boucher, sainte Thérèse, mademoiselle Camargo, l'herbe mouillée, et M. de Rémusat. Sur ces entrefaites, j'achetai le journal *l'Artiste*, et j'en fis une guirlande de roses. J'allai chercher des poètes dans les halliers, et je les payai à raison d'une rose la ligne; quatorze roses pour un sonnet. Quelques-uns de mes rédacteurs se faisaient de cent cinquante à deux cents roses par mois. La prose n'était pas rétribuée avec moins de luxuriance et d'épanouissement : un bouquet de violettes la colonne. Aussi quel style! quelles métaphores! quel gracieux bourdonnement d'abeilles en goguette sur le mont Hybla ! Chaque dimanche, j'attachais coquettement le numéro de *l'Artiste* avec un ruban, et mes porteurs allaient le fourrer sous le nez des abonnés. Mes bureaux ressemblaient à un porche de cathédrale le jour d'une procession : on marchait sur des branches, on écrasait des parfums. Toutes les jeunesses littéraires ont fleuri dans ce petit entresol de l'hôtel de Bouillon, sur le quai Malaquais. Les passants s'arrêtaient sous nos fenêtres pour écouter le son de nos guitares, et quelquefois aussi les passantes. Ah ! Sylvia ! ah ! Dafné ! ah ! Ninon ! Sirènes à votre tour charmées, filles d'Eve arrêtées sous le pommier du serpent, portraits divins après la lettre !

Le duc de Richelieu. — Monsieur Arsène Houssaye, encore une praline.

M. Arsène Houssaye. — Je vendis à Charpentier deux volumes sur le dix-huitième siècle. Il me les paya grassement.

Le duc de Richelieu. — En roses ?

M. Arsène Houssaye. — Non, en francs.

Le duc de Richelieu. — Je me souviens d'avoir feuilleté vos *Philosophes et Comédiennes*, et j'y ai pris plaisir ; vous avez la légèreté et l'attrait ; Buffon vous a prêté ses manchettes et Dorat sa poudre d'or. Mais parlez-moi de la Comédie-Française.

M. Arsène Houssaye. — J'allais y venir.

Le duc de Richelieu. — Que fîtes-vous pendant votre administration ?

M. Arsène Houssaye. — Je collectionnai des tableaux.

Le duc de Richelieu. — Mais ensuite ?

M. Arsène Houssaye. — Je mis l'entrée de l'administration sur la rue Richelieu, et je fis placer au-dessus de la porte une marquise délicatement ouvragée.

Le duc de Richelieu. — Très-bien. Après?

M. Arsène Houssaye. — Ces dispositions prises, j'allai me placer régulièrement tous les jours, de midi à trois heures, dans l'intérieur de la Bourse, sous le troisième pilier à gauche, et j'y fis fortune.

Le duc de Richelieu. — Et la Comédie-Française?

M. Arsène Houssaye. — Elle fit fortune aussi.

Le duc de Richelieu. — C'est prodigieux.

M. Arsène Houssaye. — Vous trouvez, monsieur le duc? Il est vrai; je suis quelquefois étonné moi-même de ma chance. Tout me réussit. Ma gestion dura cinq ans; elle fut marquée par des événements de la plus haute importance; je suspendis une chaîne d'argent au cou de Lachaume, et je fis tendre en tapisserie mon cabinet de travail.

Le duc de Richelieu, *rapprochant son fauteuil*. — Ah çà! et les femmes?

M. Arsène Houssaye. — Les femmes?

Le duc de Richelieu, *fermant à demi les yeux*. — Oui, les femmes, les actrices, vous m'entendez bien. Il y en a d'adorables par là, le bruit m'en est venu aux oreilles; des ingénues ravissantes, des coquettes incomparables, tout Cythère. Ah! si je n'étais pas une ombre!

M. Arsène Houssaye. — Il y a d'illustres ombres qui ont gagné des batailles, monsieur le duc.

Le duc de Richelieu. — Pas dans les coulisses, monsieur. Mais voyons : vous ne m'avez soufflé mot ni de Célimène, ni d'Agnès, ni de Suzanne. Pourquoi cela ?

M. Arsène Houssaye. — N'ai-je pas eu l'honneur de dire à monsieur le duc que tout me réussissait !

Le duc de Richelieu, *souriant*. — C'est juste. Et maintenant... ?

M. Arsène Houssaye. — Maintenant, je suis inspecteur des musées de province.

Le duc de Richelieu. — A la bonne heure ! Mais que faites-vous pendant vos inspections ?

M. Arsène Houssaye. — Je fais des comédies.

Le duc de Richelieu. — C'est logique.

M. Arsène Houssaye, *de plus en plus troublé*. — Monsieur le duc, monsieur le duc...

Le duc de Richelieu. — Qu'avez-vous, monsieur Houssaye, on vous dirait inquiet, agité.

M. Arsène Houssaye. — Non... mais... Permettez-moi une question, monsieur le duc... Ces bonbons que vous m'avez offerts tout à l'heure...

Le duc de Richelieu. — Mes pralines ? Eh bien ? (*Riant.*) Etourdi que je suis ! ce sont mes pralines de rendez-vous. J'aurais dû vous offrir de l'autre boîte, celle-ci n'étant que pour moi seul. Rassurez-vous, monsieur Houssaye, vous ne courez aucun danger ; loin de là.

M. Arsène Houssaye. — Je suis tout rassuré, monsieur le duc.

Le duc de Richelieu, *avec un soupir*. — Ah ! oui, la jeunesse et les roses ! les cheveux blonds et les joues fleuries! les violons et les moulins! Vous avez raison, monsieur Houssaye; tout est là! tout n'est que là! J'achèterai vos œuvres complètes.

LES DEUX DUMAS

LES DEUX DUMAS

—

« Le critique c'est celui qui, au lieu de vous montrer l'homme bien assis dans son fauteuil, bien enveloppé dans son manteau, bien boutonné dans son habit, lui tire son fauteuil, lui arrache son manteau, lui met bas son habit, qui l'examine d'abord tel que la nature l'a fait, lui met la main sur le cœur, le doigt sur le crâne, et dit : « Voilà la part du tempérament, voilà la part de l'éducation, voilà la part de l'art. »

(ALEXANDRE DUMAS père. — Premier numéro du *Mousquetaire*, 12 novembre 1853.)

(*Le théâtre représente un cabinet très-richement et très-artistiquement meublé. Une table recouverte d'un tapis ; tout ce qu'il faut pour écrire. Portes à droite et à gauche pour les collaborateurs ; porte au fond pour le public. A la glace, une carte de visite : celle de madame Bader. — Au lever du rideau, un homme ou plutôt un géant, Alexandre Dumas père, en petite veste, écrit sans s'arrêter. La sueur dégoutte de son front. Et pourquoi se donne-t-il tant de mal, bon Dieu ? Pour rédiger des tranquillités à peu près conçues dans le goût suivant.*)

« Chers lecteurs,

» Vous rappelez-vous où nous en sommes restés de notre dernière causerie ?

» Si vous ne vous le rappelez pas, je vous le dirai, moi.

» Si vous vous le rappelez, je vous le dirai encore.

» Car j'ai une mémoire prodigieuse, moi.

» Tenez, je vais vous en donner un exemple.

» Vous connaissez Leuven, — Adolphe de Leuven, un rare et excellent cœur, en même temps qu'un rare et excellent esprit.

» Leuven est mon ami depuis vingt-cinq ans.

» Vous savez que j'ai cinquante mille connaissances, mais que je n'ai que cinquante amis.

» Encore est-ce beaucoup !

» Eh bien ! Leuven est à la tête des cinquante.

» Une supposition, chers lecteurs.

» Supposons, si vous voulez, que j'aie besoin de cent mille francs.

» Une bagatelle !

» Supposons qu'il me les faille immédiatement, non pour moi, bien entendu, mais pour quelques-unes de ces bonnes actions dont vous m'aidez si fréquemment à porter le fardeau, chers lecteurs.

» Comment me les procurerai-je ?

» C'est bien facile et bien simple, allez.

» Regardez-moi seulement.

» Je fais un signe à Leuven, — tenez, comme cela, — et je dis : Pssst !

» Rien de plus, rien de moins.

» Au bout de cinq minutes, s'il est à Paris ; au bout d'une heure, s'il est à Versailles ; au bout de quatre heures, s'il est à Orléans ; au bout de quinze heures, s'il est à Lyon ; au bout de trente heures, s'il est à

Marseille, Leuven arrive et m'apporte les cent mille francs demandés.

» A moins cependant qu'il ne m'en apporte deux cent mille.

» Ce qui est fort probable.

» N'est-ce pas Leuven ?

(Après cent lignes de cette force, Alexandre Dumas père ôte sa cravatte; après deux cents lignes, il ôte ses bottes. Quand l'article est fini, il n'a plus rien à ôter. Alors il sonne son domestique. — Domingo paraît.)

ALEXANDRE DUMAS PÈRE. — Domingo !

DOMINGO. — Monsieur ?

ALEXANDRE DUMAS PÈRE. — Tu vas me faire une commission.

DOMINGO. — Laquelle, monsieur ?

ALEXANDRE DUMAS PÈRE. — Très-bien. Tu commences à avoir une idée du dialogue. Pour peu que tu continues, je te mettrai aux scènes d'hôtellerie et ensuite aux duels. Tu feras mes provocations.

DOMINGO. — Ah ! monsieur, que de gratitude !

ALEXANDRE DUMAS PÈRE. — *Que de gratitude* est vaudeville. Un *Moi, monsieur ?* eût été préférable. Songe que tu n'es qu'un serviteur, et ne crains pas de *blanchir* tes répliques.

DOMINGO. — Oui, monsieur.

ALEXANDRE DUMAS PÈRE. — A la bonne heure. (*Lui désignant la table.*) Tu vois ces papiers.

DOMINGO. — Ces papiers ?

ALEXANDRE DUMAS PÈRE. — C'est de la copie pour mon journal. Tu vas la prendre.

Domingo. — Voilà.

Alexandre Dumas père. — Ensuite...

Domingo. — Ensuite?

Alexandre Dumas père. — Tu la porteras...

Domingo. — Où?

Alexandre Dumas père. — Bravo! Chez l'imprimeur.

Domingo. — M. Dubuisson?

Alexandre Dumas père. — Et compagnie.

Domingo. — Rue...

Alexandre Dumas père, *vivement*. — Coq...

Domingo, *de même*. — Héron...

Alexandre Dumas père, *plus vivement encore.* — N°...

Domingo, *de même*. — 5.

Alexandre Dumas père, *piqué au vif*. — !

(*La scène reste vide pendant quelques instants. Alexandre Dumas père, n'aimant pas les monologues parce qu'ils prennent un temps considérable sans faire avancer l'action, est allé se rhabiller dans une chambre à côté. Il reparaît, avec un grand gilet blanc; et il sort en faisant : Broum! broum! — Le théâtre change et représente les boulevards.*)

Alexandre Dumas père, *à droite et à gauche*. — Bonjour, cher, bonjour... Je suis pressé... Tiens! Bénédict Masson! mon cher enfant, j'ai parlé de vous l'autre jour à Niewerkerke... allez le voir... adieu! (*A un autre.*) Baisez pour moi les belles mains de madame Porcher, n'est-ce pas?

Un Gamin, *s'approchant*. — La charité, mon bon monsieur.

Alexandre Dumas père. — Hein ?

Le Gamin. — La charité, s'il vous plaît.

Alexandre Dumas père. — Tu me demandes la charité ?

Le Gamin. — Oui, monsieur.

Alexandre Dumas père. — Tu sais donc qui je suis ?

Le Gamin, *étonné*. — Non, m'sieu.

Alexandre Dumas père, *très-haut*. — Prends ce louis; tu diras que c'est Alexandre Dumas qui te l'a donné.

Le Gamin. — Oui, m'sieu. (*Le gamin s'éloigne, en criant : Vive M. de Lamartine !*)

Alexandre Dumas père. — Chez moi, l'homme de lettres n'est que la préface de l'homme généreux !

> (*Personne ne se retourne. Un peu contrarié, M. Alexandre Dumas père continue son chemin. Il se trouve face à face avec un critique de sa connaissance. Le fécond romancier fronce légèrement le sourcil, car il n'aime pas les critiques.*)

Le Critique. — Monsieur Dumas, je vous salue.

Alexandre Dumas père. — Comment dites-vous cela, très-cher ? Répétez, je vous prie.

Le Critique. — Je dis : Monsieur Dumas, je...

Alexandre Dumas père, *avec amertume*. — Monsieur Dumas ! J'avais bien entendu. Allez, vous êtes un ingrat, comme les autres.

Le Critique. — Un ingrat ?

Alexandre Dumas père. — Voilà trente ans que je travaille pour que vous ne m'appeliez pas monsieur.

Le Critique, *souriant*. — Eh bien? mon cher Dumas, pardonnez-moi. Désormais vous pouvez compter sur ma familiarité. Comment se fait-il qu'on vous rencontre aujourd'hui, vous l'homme le plus enfermé de France?

Alexandre Dumas père. — Je vais mettre en scène à la Gaîté un drame que j'ai écrit en quatre-vingt-six heures trente-huit minutes.

Le Critique. — Diable! on dit que vous avez donné une chose charmante à Montigny.

Alexandre Dumas père. — *L'Invitation à la Valse?*

Le Critique. — Je ne sais pas. Je ne vais plus au Gymnase, je vais au Vaudeville.

Alexandre Dumas père. — Merci.

Le Critique. — A propos de cette pièce...

Alexandre Dumas père. — Eh bien!

Le Critique. — J'avais hâte de vous voir pour vous dire combien je suis affligé...

Alexandre Dumas père. — De quoi?

Le Critique. — Vous savez... de cet odieux article qui a paru ce matin contre vous.

Alexandre Dumas père. — Bah! ce n'est que cela? un article!

Le Critique. — Atroce... abominable... pas mal fait cependant...

Alexandre Dumas père. — Eh bien! très-cher, cessez de vous affliger. J'ai pour principe, encore plus que pour habitude, de ne lire aucun journal. Par conséquent, je n'ai pas lu l'article dont vous parlez, et maintenant surtout que me voilà averti, soyez certain que je ne le lirai pas

Le perfide Critique. — On va un peu loin...

Alexandre Dumas père, *lui frappant en riant sur l'épaule.* — Avouez une chose, très-cher.

Le Critique. — Quelle chose?

Alexandre Dumas père. — Avouez que vous avez le numéro du journal dans votre poche.

L'affreux Critique. — Oh! par hasard!

Alexandre Dumas père. — Par hasard, bien entendu. C'est toujours par hasard. Mais convenez d'une autre chose, très-cher.

Le Critique. — Une autre chose?

Alexandre Dumas père. — Convenez que vous veniez chez moi tout exprès pour me le communiquer.

L'infame Critique. — Dans votre intérêt!

Alexandre Dumas père. — Cela se comprend. Aussi, très-cher, je mets mon cœur dans ma main, et je vous dis : Merci. Maintenant, gardez votre journal.

Le Critique. — A votre place, je ferais un procès.

Alexandre Dumas père. — Un procès à Planche?

Le pale Critique. — L'article n'est pas de Planche.

Alexandre Dumas père. — Bah! il est donc de Janin?

Le Critique. — Pas davantage.

Alexandre Dumas père. — De Sainte-Beuve, alors?

Le Critique envieux. — Non.

Alexandre Dumas père. — Dans ce cas, très-cher, qu'est-ce que vous venez me chanter? S'il n'est ni de Planche, ni de Janin, ni de Sainte-Beuve, il n'est de personne.

Le Critique. — C'est un jeune homme très...

ALEXANDRE DUMAS PÈRE. — Il n'y a pas de jeunes gens !

LE CRITIQUE, *révolté*. — Ah ! il y a Philibert Audebrand.

ALEXANDRE DUMAS PÈRE, *radouci*. — C'est vrai. Mais l'article n'est pas de lui ?

LE CRITIQUE. — Oh ! non, non, non.

ALEXANDRE DUMAS PÈRE. — Vous voyez bien que cela n'a rien qui m'intéresse. La critique, quelque chose qu'elle puisse dire de moi, n'empêchera pas que je n'aie fait *Antony, Angèle, Richard d'Arlington, Teresa, Mademoiselle de Belle-Isle, Catherine Howard*, je ne sais plus combien de succès encore.

LE CRITIQUE LIVIDE. — Mais vos collaborateurs...

ALEXANDRE DUMAS PÈRE. — Mes collaborateurs ?

LE CRITIQUE. — Oui.

ALEXANDRE DUMAS PÈRE. — Qu'est-ce que cela prouve ? J'ai eu des collaborateurs comme Napoléon a eu des généraux.

LE CRITIQUE, *abasourdi*. — Ah ! (*Ses bras tombent.*)

ALEXANDRE DUMAS PÈRE. — Un conseil, très-cher. Si vous tenez absolument à avoir le placement de votre journal, faites une chose. Venez chez moi ce soir. Nous serons plusieurs, des confrères, des amis. Vous ne pouvez pas vous dispenser d'être là. Apportez l'article de ce monsieur, de votre jeune homme. De mon côté, je ferai venir un punch. Vous comprenez, n'est-il pas vrai ? Ceci allumera cela, comme dit Hugo, dans sa *Notre-Dame de Paris*.

LE CRITIQUE. — Je crains qu'il ne me soit pas possible de...

Alexandre Dumas père, *l'interrompant.* — Faisons mieux encore. Amenez le jeune homme, aussi. Il doit m'exécrer, me considérer comme un exploiteur et comme un vampire. Oh ! je sais l'opinion de la critique sur mon compte ; mais je n'ai, comme Hercule, qu'à la soulever de terre pour l'étouffer. Eh bien ! très-cher, je vous propose une gageure. Nous allons mettre chacun de notre côté un nombre égal de napoléons, ou de doubles napoléons, comme vous voudrez et autant que vous voudrez. Si, avant la fin de la soirée et du punch votre jeune homme ne me saute pas au cou et ne se proclame pas mon meilleur ami, — mon meilleur ami, vous entendez bien, — les napoléons qui seront à mon côté passeront au vôtre. Et dans le cas contraire...

Alexandre Dumas fils, *entrant dans la conversation comme un physicien dans un cercle formé sur la voie publique.* — A qui le valet de carreau ?

Alexandre Dumas père. — Toi !

Alexandre Dumas fils. — Bonjour, père.

Alexandre Dumas père. — Bonjour.

Le Critique, *profitant de cette rencontre pour sortir d'un pas difficile.* — Adieu, mon cher Dumas.

Alexandre Dumas père. — C'est convenu, hein ? A ce soir, très-cher !

(*Le critique ne répond pas, et s'esquive. Alexandre Dumas père rit comme une grosse caisse.*)

Alexandre Dumas fils. — Comment vas-tu ?

Alexandre Dumas père. — Comment je vais ? Je rajeunis.

Alexandre Dumas fils. — Peste! l'année prochaine tu seras donc revenu à l'état embryonnaire.

Alexandre Dumas père. — Veux-tu connaître mon secret?

Alexandre Dumas fils. — Dame!

Alexandre Dumas père. — Travaille comme moi.

Alexandre Dumas fils. — Comme toi ou autant que toi?

Alexandre Dumas père. — Une épigramme?

Alexandre Dumas fils. — C'est pour ne pas perdre la main. (*Ils marchent.*)

Alexandre Dumas père. — As-tu lu mon roman des *Compagnons de Jéhu?*

Alexandre Dumas fils. — Non, papa; et toi?

Alexandre Dumas père. — Ah! Piron d'enfant! C'est égal, franchement, là, tu as tort.

Alexandre Dumas fils. — Pourquoi ai-je tort?

Alexandre Dumas père. — Parce que c'est très-réussi. Figure-toi huit volumes de deux cent cinquante mille lettres chacun, soit deux millions de lettres pour la totalité. Mets quarante lettres à la ligne, cela fait six mille deux cent cinquante lignes par volume, et cinquante mille pour le tout. A vingt lignes la page, nous avons trois cent douze pages le volume, ce qui, pour les huit volumes, donne deux mille quatre-vingt-seize pages. Qu'en dis-tu?

Alexandre Dumas fils. — Ah! ce doit être un bel ouvrage.

Alexandre Dumas père. — N'est-ce pas?

Alexandre Dumas fils. — Seulement, à ce compte, le serpent de mer est un bel ouvrage aussi.

Alexandre Dumas père, *riant*. — Oui, mais il n'est pas signé. (*Le prenant par le bras.*) Et toi, qu'est-ce que tu fais? on n'entend plus parler de toi.

Alexandre Dumas fils. — Tu es bien exigeant en matière de bruit. J'ai pourtant fait un mot hier.

Alexandre Dumas père. — Un mot?

Alexandre Dumas fils. — Oui.

Alexandre Dumas père. — Prête-le moi; j'en ferai un roman.

Alexandre Dumas fils. — Laisse donc! Je n'aurais à mon tour qu'à te demander tes romans pour en faire des mots.

Alexandre Dumas père, *sévèrement*. — Alexandre!

Alexandre Dumas fils. — Papa?

Alexandre Dumas père. — Tu as trop d'esprit.

Alexandre Dumas fils. — Il faut bien avoir quelque chose. Tu ne m'as laissé que cela à prendre.

Alexandre Dumas père. — Serpent!

Alexandre Dumas fils. — Voyons, ne tourne pas au Géronte. Est-ce que je t'empêche, moi, de blâguer ma *Question d'argent?*

Alexandre Dumas père. — Mais, cher enfant, Alexandre bien-aimé, voilà où la raison t'abandonne complètement. *La Question d'argent*, c'est ce que tu as écrit de mieux.

Alexandre Dumas fils. — Merci. Je la connais celle-là. On l'a assez faite à Augier pour *le Mariage d'Olympe*.

Alexandre Dumas père. — Je te jure...

Alexandre Dumas fils. — Fi! papa, ne donne donc pas dans ces rengaînes.

ALEXANDRE DUMAS PÈRE. — Cependant...

ALEXANDRE DUMAS FILS. — Cesse, ou je te demande des nouvelles de Xavier de Montépin !

ALEXANDRE DUMAS PÈRE. — Il suffit. Je me tais. (*Chemin faisant, il salue et distribue des poignées de main.*)

ALEXANDRE DUMAS FILS. — Quelles diables de connaissances as-tu là ?

ALEXANDRE DUMAS PÈRE. — Comment, quelles diables de connaissances ? Ce sont des artistes, des braves gens.

ALEXANDRE DUMAS FILS. — Ah ! oui, de ceux qui t'appellent : Cher maître. (*Il rit.*)

ALEXANDRE DUMAS PÈRE. — Que veux-tu ? ils m'adorent.

ALEXANDRE DUMAS FILS. — Tu crois cela ?

ALEXANDRE DUMAS PÈRE. — Ils me l'écrivent.

ALEXANDRE DUMAS FILS. — Pour que tu l'imprimes. Ah çà, papa, où as-tu appris la vie ?

ALEXANDRE DUMAS PÈRE. — Je me suis bien gardé de l'apprendre. Où aurais-je pris le temps d'écrire ? D'ailleurs, sait-on jamais la vie ?

ALEXANDRE DUMAS FILS. — Un paradoxe ! Renvoyé à Gozlan.

ALEXANDRE DUMAS PÈRE. — Qu'est-ce que tu as donc découvert de si important dans la vie, toi ? De quoi se compose ton expérience ! Au fond de tous tes ouvrages, qu'y a-t-il ? Un coupé, un cabinet chez Vachette et une crinoline ; ou une crinoline, un cabinet chez Vachette et un coupé ; ou un cabinet chez Vachette, un coupé et une crinoline. Tourne et retourne tes romans tant que tu voudras, en voilà l'élément principal. Le reste est fait avec un peu de passion, beaucoup de cigares et des phrases d'atelier. Tu appelles cela être *moderne*. J'y consens. Mais veux-tu que je te dise ma pensée tout entière? Eh bien! j'ai toujours, malgré moi, des inquiétudes pour ma santé, quand je sors d'un de tes livres ou d'une de tes pièces.

Alexandre Dumas fils. — Des grrrandes dames! de bien grrrandes dames!

Alexandre Dumas père. — Ah! tu me rappelles le bon temps. Il n'y avait alors que deux hommes en France : Hugo et moi. Encore Hugo n'a-t-il jamais su charpenter un drame.

Alexandre Dumas fils. — Pauvre Hugo!

Alexandre Dumas père. — Tu crois que je plaisante?

Alexandre Dumas fils. — Non pas!

Alexandre Dumas père. — Alors, tu crois que j'y mets de l'amour-propre?

Alexandre Dumas fils. — Oh!

Alexandre Dumas père. — Si, tu le crois. Eh bien! quand cela serait?

Alexandre Dumas fils. — Au fait!

Alexandre Dumas père. — Quand j'aurais de la vanité, de l'orgueil même? Qu'importe, si c'est là une des conditions de mon talent! Tu me connais, toi, je suis comme les ballons : je ne m'élève que tout autant que je suis gonflé.

Alexandre Dumas fils. — A qui en as-tu, cher père? Tu vas ameuter les passants.

Alexandre Dumas père. — Tant mieux; c'est ce

que je désire. Ils me reconnaîtront, je leur chanterai : *Mourir pour la patrie!* un refrain avec lequel j'ai fait une révolution. Tu n'as pas fait une révolution, toi?

ALEXANDRE DUMAS FILS. — Pas encore. Mais tais-toi, papa. Sais-tu à qui tu ressembles en ce moment?

ALEXANDRE DUMAS PÈRE. — Non.

ALEXANDRE DUMAS FILS. — Au Jupiter tonnant. Montons plutôt en voiture, et viens avec moi.

ALEXANDRE DUMAS PÈRE. — Où cela?

ALEXANDRE DUMAS FILS. — Monte toujours. Je te le dirai en route.

ALEXANDRE DUMAS PÈRE, *montant en voiture*. — C'est égal, Alexandre, lis *les Compagnons de Jéhu*.

(*Des passants narquois entendent les derniers mots.*)

PREMIER PASSANT NARQUOIS. — J'ai eu... bien du mal...

DEUXIÈME PASSANT NARQUOIS. — D'enfant... tassin...

TROISIÈME PASSANT NARQUOIS. — Quactes et douze tableaux.

(*Un troisième Dumas [Adolphe] traverse la chaussée. Il reconnaît dans la voiture le père et le fils, et, désirant faire route en leur compagnie, il dit au cocher d'arrêter. Mais le cocher lui répond qu'il n'y a de place que pour deux. Adolphe Dumas soupire et reste sur le pavé. Tableau.*)

LES FILS

LES FILS

AU PETIT-FILS DE M. LEGOUVÉ, EN SON BERCEAU.

Puisqu'on fit de toi, cher petit bonhomme,
Un être public, en te dédiant
Un écrit moral qu'eût signé Prud'homme,
Et que tu liras, en l'étudiant ;
Je veux à mon tour, voix douce mais nette,
Sans que ta nourrice au pied mesuré
Cesse d'agiter ta barcelonnette,
T'adresser ces vers, enfant préféré.
Car il ne faut pas que tu puisses croire,
Un jour, que le monde était aussi laid
Et que la critique était aussi noire
Que les dépeignit l'auteur du *Pamphlet*.
Quand tu seras grand, on viendra te dire
Que les gazetiers sont tous des méchants,
Parce qu'un d'entre eux, ardent à médire,

A de ton aïeul persifflé les chants.
On ajoutera : — Ces gens n'ont point d'âtres
Où sécher leurs mains, où chauffer leur cœur ;
Ils sont mal vêtus, hargneux et verdâtres :
Tout impuissant est doublé d'un moqueur !
Je te vois déjà faisant la grimace
Devant ce portrait, qu'ils auront rêvé.
Veux-tu regarder un critique en face ?
Tourne l'œil vers moi, petit Legouvé.
Sans réaliser le beau pentélique,
Ni ces profils purs que l'art grec frappa,
Je n'ai rien d'atroce et de famélique,
Et je suis plus gros que ton grand-papa.
Pas plus tard qu'hier, à l'heure où je passe,
Pour régler ma montre, au Palais-Royal,
Un honnête couple a dit à voix basse :
— Tiens ! M. Bidaux, l'adjoint d'Epinal !
C'est que, vois-tu bien, de quel nom qu'on nomme
L'auditeur qui fuit les accents du luth,
On peut sans cesser d'être un honnête homme
Bâiller aux Français comme à l'Institut.

5 Novembre 1857.

SCÈNE I

Galimard fils, Le Chœur

(*Le théâtre représente un site vague, comme les rivages de la tragédie. Au lever du rideau, une cinquantaine d'hommes se pressent en tumulte autour de Galimard fils.*)

Galimard fils. — Vous plaît-il que je parle, messieurs ?

Le Chœur. — Parle, divin jeune homme ; la sagesse semble siéger sur ton front, et chacun de tes mouvements est empreint d'une incroyable sérénité. Parle, car nous sommes curieux de savoir à quelle intention tu nous as convoqués ici.

Galimard fils. — Mon nom ne vous est peut-être pas inconnu... Je suis Galimard fils...

Le Chœur. — Galimard ! Non, sans doute. Galimard fils ! Diable !

Galimard fils. — Mon père est ce Galimard fameux qui peint sur les vitraux d'église de petits saints avec des casquettes d'or et des robes rouges. Longtemps, vous avez pu lire sur les murs de Paris cette inscription, dont un puéril calembourg essayait vainement d'atténuer la portée symbolique : *Galimard mythe*.

Le Chœur. — En effet, nous l'avons lue. Nous avons lu autre chose encore. Et toi-même nous te reconnaissons à présent. Oui. Comme tu as grandi ! Continue.

Galimard fils. — Vous vous rappelez par quel miracle j'échappai à cette horde d'assassins qui s'étaient introduits dans l'atelier de mon père pour égorger son tableau de *Léda*. Ils s'emparèrent de moi malgré ma résistance, et ils me baillonnèrent. Par bonheur, mon père avait eu le temps d'accourir à mes cris; se jeter sur eux, les désarmer et les mettre en fuite fut pour lui l'affaire d'un moment.

Le Chœur. — Oh! ce fut un spectacle horrible, nous nous en souvenons! Mais ce ne peut pas être pour nous le retracer de nouveau que tu nous as rassemblés.

Galimard fils. — Non, sans doute.

Le Chœur. — Alors explique-toi, Galimard fils.

Galimard fils. — Vous connaissez tous M. Legouvé fils, n'est-ce pas?

Le Chœur. — Certes, nous le connaissons. Ernest Legouvé, l'auteur d'*Edith de Falsen*. Oui, oui. Il compose aussi des tragédies. Genre estimable. C'est un immortel. Eh bien! que lui est-il arrivé, à Legouvé fils?

Galimard fils. — Il lui est arrivé un petit-fils.

Le Chœur. — Ah! ah! nous lui en faisons notre compliment. Un petit-fils, tant mieux. C'est un bâton qui pousse pour sa vieillesse. Mais en quoi cela nous concerne-t-il?

Galimard fils. — Comment! en quoi cela vous concerne, chœur indifférent? Vous ne comprenez donc pas que ce n'est point un enfant qui vient de naître à M. Legouvé : c'est une idée! Vous ne comprenez donc point que ce poupon n'est pas un poupon : c'est un principe! Il inaugure la tribu des petits-fils, il consacre l'hérédité du talent. A ces titres, pouvons-nous ne pas nous associer à la joie profonde, ineffable, de l'auteur de *Médée* et du *Pamphlet?*

Le Chœur. — Non !

Galimard fils. — Pouvons-nous ne pas célébrer cet événement qui promet de perpétuer un nom jusqu'à la dixième génération ?

Le Chœur, *avec force*. — Non.

Galimard fils. — Songez que, dans un siècle, on dira Legouvé V ou Legouvé VI, comme on dit en Belgique Vilain XIV !

Le Chœur. — C'est vrai pourtant.

Galimard fils. — Hâtons-nous de porter nos compliments et nos vœux à M. Legouvé ! Nous, les fils, soyons les premiers à saluer l'ère glorieuse des petits-fils !

Le Chœur. — Qu'il s'exprime éloquemment, ce Galimard ! Le miel coule de ses lèvres ! de ses lèvres, vraiment ! Epithètes choisies, incidences sobrement et heureusement ménagées ! Il vaudra son père, qui a écrit dans *la Patrie*, sous le pseudonyme de *Judex*. Une belle époque pour les arts, alors !

Galimard fils. — Ne perdons pas un instant, messieurs ; mettons-nous en route !

Le Chœur. — Mettons-nous en route ; soit. Nous le voulons bien, Galimard. Conduis-nous. Montre-nous le chemin ; nous emboîtons tes pas, fils de *Judex*. Demeure-t-il bien loin, Ernest Legouvé...? (*Le Chœur s'éloigne.*)

SCÈNE II

M. LEGOUVÉ FILS ET M. LAYA FILS

(*Chez M. Legouvé fils. Derrière une persienne, il regarde avec étonnement la foule qui se dirige vers lui. M. Laya fils est à ses côtés.*)

Legouvé. — Quel tourbillon de poussière soulève autour de lui ce cortége? Ces hommes, quels sont-ils? que peuvent-ils me vouloir?

Léon Laya. — Je m'en doute, ami; ils viennent vous féliciter.

Legouvé, *vivement*. — A propos de ma comédie du *Pamphlet*?

Léon Laya. — Non, oh! non. C'est la grande armée des fils célèbres. Voulez-vous que je vous les nomme les uns après les autres, comme dans le premier chant de la *Jérusalem délivrée?*

Legouvé. — Vous me ferez un vif plaisir, mon ami.

Léon Laya. — Celui qui s'avance le premier, grand et très-brun, est M. de Cormenin fils.

Legouvé. — Je le prenais pour M. Pelletan.

Léon Laya. — Il en a la tristesse, au premier aspect. Son bras est passé sous le bras de M. Delessert fils. Tous deux sont des gens du monde autant que des écrivains; ils aiment les tableaux, les voyages et les livres. M. Alexandre Dumas fils vient après eux; ce n'est déjà plus le jeune et fringant cavalier d'autrefois; le succès en a presque fait un moraliste.

Legouvé. — Il n'y a pas de mal à cela.

Léon Laya. — C'est juste ; *le Pamphlet !* Vous chercherez vainement dans ce cortége François Hugo fils et Charles Hugo fils ; le premier, le *Toto* de la place Royale, est en train d'inventer *la Normandie inconnue* et de traduire les *Sonnets* de Shakespeare ; le second, par un étrange et philosophique caprice, s'est institué le truchement du *Cochon de saint Antoine*.

Legouvé. — Oh ! quel genre bas ! quel trivial sujet ! malheureux jeune homme !

Léon Laya. — En revanche, je distingue M. Maurice Sand fils qui ressemble à un prince italien des beaux premiers romans de sa mère.

Legouvé. — Est-ce un littérateur ?

Léon Laya. Parbleu ! mais c'est encore plus un peintre, un peintre fantastique, espèce peu commune chez nous.

Legouvé. — *Rara avis !* dirait Janin.

Léon Laya. — D'autres peintres l'escortent : M. Dubuffe fils, qui sait si bien déshabiller une blanche épaule, et M. Isabey fils, qui n'a pas son pareil pour faire chatoyer des multitudes dorées le long d'un escalier du temps de Louis XIII. J'aperçois ensuite le clan des musiciens : M. Boïeldieu fils marche à leur tête, en fredonnant un motif de *La Butte-des-Moulins* ; M. Dejazet fils s'inspire de sa mère et de Béranger, M. Mélesville fils, poète et compositeur, médite de donner un pendant à ses *Deux Gilles*.

Legouvé. — Et M. Musard fils !

Léon Laya. — Je le vois là-bas, demandant à tout le monde son bâton de chef-d'orchestre qu'il a perdu.

Legouvé. — Que d'habits noirs! l'horizon en est obscurci.

Léon Laya. — Autant d'hommes de lettres, de publicistes, de rimeurs.

Legouvé. — Attendez donc, ce sourire bienveillant, ce regard spirituel... c'est mon confrère de l'Institut, Sacy fils.

Léon Laya. — Vous ne vous trompez point; il donne le bras à mon frère Alexandre Laya fils, avocat et auteur d'une *Histoire du Ministère de M. Thiers*, de qui il fut le secrétaire pendant plusieurs années. Ne lui trouvez-vous pas quelque ressemblance avec Ledru-Rollin?

Legouvé. — En effet.

Léon Laya. — Sur la droite, M. Guizot fils marche seul, comme son père, ce professeur *d'impopularité,* selon le vers de Barthélemy. Son livre de *Ménandre* a eu du succès et méritait d'en avoir. Voici M. Chasles fils, critique pétulant, injuste quelquefois, mais qui se formera en fréquentant le Collége de France, les mardis particulièrement.

Legouvé. — Quel est ce grand jeune homme, élancé et distingué, dont les traits rappellent Wellington?

Léon Laya. — Théophile Gautier fils. Il n'est encore connu que par une traduction des *Contes bizarres* d'Achim d'Arnim. C'est le *critique blond* de son père. Non loin de lui je reconnais M. Chaix-d'Est-Ange fils, l'*avocat blond* de son père, lui aussi. Ils sont suivis par M. Des Essarts fils, un poète de dix-sept ans, lauréat de la Société des Gens de Lettres.

Legouvé. — Et cet autre d'apparence modeste?

Léon Laya. — Un romancier, M. Basset fils ; il signe ses volumes d'un pseudonyme ingrat : *Adrien Robert*, et peut-être est-ce cela seulement qui nuit à leur succès. Ici, un grand nom et un petit homme : M. de Kock fils, bon enfant, plume laborieuse, grosses moustaches ; allant du cabinet de lecture au théâtre, du théâtre au cabinet de lecture ; réussissant chez l'un lorsqu'il tombe chez l'autre ; homme d'esprit sans cesse occupé à prendre sa revanche.

Legouvé, *se penchant*. — Ah ! mon Dieu !

Léon Laya. — Qu'est-ce que vous avez ?

Legouvé. — Voyez donc cette armure et cette visière baissée, ce casque surmonté d'un ondoyant panache, cette lance et cet écu !

Léon Laya. — N'avez-vous pas deviné le baron Frédéric de Reiffenberg fils ?

Legouvé. — Quelle allure martiale !

Léon Laya. — Ses armes sont d'argent à trois bandes de gueules ; l'écu sommé de la couronne de baron est surmonté d'un heaume grillé et colleté d'or, fourré de sable. Ses œuvres sont : *Une Paire de Bottes* et *De la Lumière s'il vous plaît !*

Legouvé. — Un beau garçon l'accompagne à distance.

Léon Laya. — C'est M. Langlé fils.

Legouvé, *intentionnellement*. — Il est vêtu avec pompe.

Léon Laya, *sans sourciller*. — M. Langlé fils a fait représenter au Théâtre-Français un *Murillo* en trois actes et en vers. Il cause en ce moment avec M. de Courcy fils, un vaudevilliste qui donne des espérances, ce que les directeurs de théâtre aiment le moins. Attention ! et regardez défiler l'escadron volant des dramaturges : M. Jaime fils, qui court après l'habileté et qui n'a encore attrapé que l'expérience; M. Beauvallet fils, qui n'a rien attrapé du tout; M. Michel Masson fils, un collaborateur que M. Michel Masson père s'est commandé à lui-même..:

Legouvé. — Chut! un homme s'est glissé derrière eux ; il cherche à surprendre leurs paroles.

Léon Laya. — N'ayez aucune inquiétude; c'est M. Dupeuty fils. Il fait l'indiscrétion comme d'autres font le mouchoir. Voyez-le tirer son carnet et y inscrire deux titres de pièces qu'il vient de saisir au vol : *la Cravate imaginaire,* pour le Gymnase, et *le Panaris d'Emmeline* pour l'Odéon.

Legouvé. — Vous avez de bons yeux.

Léon Laya. — Les acteurs ferment la marche. Landrol fils hoche la tête; Numa fils nasille; Potier fils cligne des yeux; Frédérick Lemaître fils cherche une manière ; enfin, le dernier...

Legouvé. — Oh! le dernier n'est pas difficile à nommer : Debureau fils !

Léon Laya. — Attendez ; nous allions omettre ces deux directeurs qui accourent : Harel fils...

Legouvé. — Et Dormeuil fils.

Léon Laya. — C'est tout.

Legouvé. — Allons recevoir cette députation.

QUATRE HOMMES

ET

UN CAPORAL

QUATRE HOMMES

ET

UN CAPORAL

—

« Chateaubriand disait un jour : Pour que la France soit gouvernée, il suffit de quatre hommes et d'un caporal dans chaque localité. — Ce sont ces quatre hommes et ce caporal que nous voulons donner à la littérature. »

Le Réveil, premier numéro.

(*Le théâtre représente un cabinet de rédaction où sont réunis MM. Granier de Cassagnac, Barbey d'Aurevilly, Vivier et les frères Escudier.*)

M. Vivier *donnant quelques notes de cor.* — Ton, ton, tontaine, ton, ton.

M. Granier de Cassagnac. — Silence à l'orgie !

M. Vivier. — Vous n'avez donc plus soif?

M. Granier de Cassagnac. — Cela ne vous regarde pas. J'ai ce que j'ai. Voulez-vous que je vous morde.

M. Barbey d'Aurevilly. — Tout beau! notre cher rédacteur en chef. Vivier aime à rire; il est de l'école de ces esprits exhilarants que ne repousse pas absolument M. de Bonald.

M. Granier de Cassagnac. — Vivier a des accointances avec certains bohêmes; je les hais les bohêmes. D'abord, je ne sais pas ce que c'est.

Les frères Escudier. — { Nous non plus.
{ Nous non plus.

M. Granier de Cassagnac. — Mais ils verront beau jeu. En attendant, boutonnons-nous et cachons nos montres; nous ne sommes pas en sûreté dans la littérature d'aujourd'hui; il n'est guère prudent de sortir par le feuilleton qu'il fait. Quelles mœurs, bon Dieu!

M. Barbey d'Aurevilly. — Ignoble! ignoble!

M. Granier de Cassagnac. — Tout n'est que corruption et dévergondage dans les arts, vice, poison, égarement, profanation, tumulte...

M. Barbey d'Aurevilly. — Argot, broussailles, anarchie, infirmités, misères, débraillements...

M. Granier de Cassagnac. — Boue, terre glaise, stérilité, cabanon, crapule...

M. Barbey d'Aurevilly. — Adultère, cure-dents.

M. Granier de Cassagnac. — Et le théâtre! Allez-vous quelquefois au théâtre? C'est du propre. Moi je n'y vais pas, mais j'en ai des nouvelles à soulever le cœur. Qui est-ce qui a vu *le Demi-Monde*?

Les frères Escudier. — { Pouah!
{ Pouah!

M. Granier de Cassagnac. — Et le roman! Monstruosités! Des compères, des chauffeurs, des filles séduites, la bande à Cartouche, enfin ! Ce n'était pas comme cela de mon temps.

M. Vivier *donnant du cor*. — Ton, ton, tontaine, ton, ton.

M. Granier de Cassagnac. — Et la poésie ! Des gredineries ! Et l'histoire ! Des turpitudes ! Connaissez-vous un bon livre, vous autres ? Où y a-t-il un bon livre ? A-t-on publié encore quelque chose d'aussi fort que ma *Reine des Prairies* ou que mes pamphlets contre Jean Racine, cet idiot de Jean, ce crétin de Jean ? Voilà des œuvres, cela ; cela reste ; c'est du granit ; c'est l'honneur et la gloire d'une époque.

Les frères Escudier. — { C'est vrai.
{ C'est vrai.

M. Granier de Cassagnac. — Voyons, Barbey, vous qui êtes au courant de ce grand désordre intellectuel, combien croyez-vous qu'il reste d'hommes de talent dans notre pauvre patrie ?

Barbey d'Aurevilly. — Dame ! Trois ou quatre, peut-être cinq... vous, Amédée Renée, Veuillot.

Les frères Escudier. — { Et Verdi ?
{ Et Verdi ?

M. Vivier. — Taisez-vous !

M. Granier de Cassagnac. — Mettons-en six et n'en parlons plus. Encore ont-ils besoin d'une direction morale que je compte leur imprimer.

M. Barbey d'Aurevilly. — Et vous ferez bien, nom d'un preux !

M. Granier de Cassagnac. — La dignité littéraire s'en va. Il n'y a plus que moi de digne en France.

M. Vivier *donnant du cor*. — Ton ton, tontaine, ton, ton.

M. Granier de Cassagnac. — Moi seul j'ai conservé le sentiment de la pudeur et de la tenue; mon front, quoiqu'un peu bas, a seul gardé le reflet de l'intelligence suprême. Qu'on m'apporte le drapeau de l'art pour'que je le baise et que je m'enveloppe dans ses plis! Et maintenant, mes amis, faisons quelque chose de grand et de sacré. Ecrivons des articles en strophes.

Les frères Escudier. — Ah oui! en strophes.
Ah oui! en strophes.

M. Granier de Cassagnac. — Non, pas vous, Barbey et moi, c'est assez.

M. Barbey d'Aurevilly. — Je prends quatre strophes à la page.

M. Granier de Cassagnac. — J'en prends huit. J'aurai l'air d'un poëme.

M. Barbey d'Aurevilly. — Et moi d'une méditation.

Les frères Escudier. — Et nous?
Et nous?

M. Granier de Cassagnac. — J'intitule mon premier article : *Silence à l'Orgie!*

M. Vivier. — C'est très-joli, oui, très-distingué et plein de politesse. Cependant...

M. Granier de Cassagnac. — Cependant quoi?

M. Vivier. — Je préférerais ce titre-là : *Eh! dites, là-bas, est-ce que vous n'allez pas bientôt taire vos becs ?*

Les frères Escudier. — { Ce serait trop long.
{ Ce serait trop long.

M. Barbey d'Aurevilly, *rêvant*. — *Notre critique et la leur... Ta critique et la nôtre... Ma critique ou ta critique ou la sienne...* Non, ce n'est pas encore cela.

M. Granier de Cassagnac. — Mon deuxième article parlera de *Chatterton*, et prouvera comme quoi aucun homme de lettres n'est jamais mort de faim; mon troisième discutera *Notre-Dame de Paris,* et mon quatrième rendra compte de *la Salamandre* d'Eugène Sue, toutes œuvres actuelles.

M. Vivier. — Voilà pourquoi nous nous appelerons *le Réveil*.

M. Barbey d'Aurevilly. — Moi, je dirai quelques mots...

Les frères Escudier. — { De Bruschino?
{ De Bruschino?

M. Barbey d'Aurevilly. — Eh! non; la musique est un dissolvant dans les sociétés modernes. Je traiterai la question bien plus importante de la balance et du glaive.

Les frères Escudier. — { Qu'est-ce qu'il dit?
{ Qu'est-ce qu'il dit?

M. Barbey d'Aurevilly. — Au-dessus du gâchis malsain que font certaines autorités subalternes, s'élève comme un flot de criailleries ténébreuses et désespérées, mais dont il importe qu'une critique chrétienne ait tôt ou tard raison.

M. Vivier *donnant du cor*. — Ton, ton, tontaine ton, ton.

M. Granier de Cassagnac. — Oui, oui, coupons dans le vif, taillons dans le rouge, tranchons...

M. Barbey d'Aurevilly. — Rognons, amputons, incisons...

M. Vivier. — Cautérisons...

Les frères Escudier. — { Saignons ! { Saignons !

M. Granier de Cassagnac. — Pour le reste, tout ira bien ; j'ai la voix haute, je suis du Midi comme Bardou aîné, et si quelqu'un bronche à présent dans la presse, en haut ou en bas, vous m'en avertirez. (*Il retrousse ses manches*). Je n'ai pas deux manières d'empoigner mon homme ; je le saisis au cou comme dialectique et je le dépose à terre en passant la jambe à son éloquence. Bien doucement. Après quoi, il va se faire panser.

Les frères Escudier. — { Quel biceps ! { Quel biceps !

M. Granier de Cassagnac, *avec orgueil*. — Si je n'avais pas été journaliste, j'aurais extrait des molaires !

(*Quatre hommes et un caporal entrent en ce moment dans le cabinet de la rédaction.*)

M. Granier de Cassagnac. — Qu'est-ce que c'est que cela ? une émeute !

Le Caporal. — Pardon, excuse, notre bourgeois ; est-ce ici qu'on a demandé quatre hommes de la compagnie ?

M. Barbey d'Aurevilly. — Des sbires !

Les frères Escudier. — {Il y a erreur.
Il y a erreur.

Le Caporal. — Excusez, bourgeois, mais c'est qu'on fait chez vous un vacarme qui faisait croire...

M. Granier de Cassagnac, *se frappant le front*. — Attendez! ces quatre hommes ne sont pas quatre hommes : ce sont quatre idées. Je me mets à leur tête. Comprenez-vous? Je me dirige vers l'ennemi, c'est-à-dire vers les bohêmes ; j'enfonce leurs rangs, je cogne, je bouscule, et je fais triompher les vrais principes! (*Il frappe avec son gourdin sur la table.*)

M. Barbey d'Aurevilly. — Bravo !

M. Granier de Cassagnac. — Quatre hommes et un caporal! sublime! Je fourre au violon toute la république des lettres! Je saisis au collet tout ce qui écrit, tout ce qui pense! Le premier qui osera rire, coffré! Allons, messieurs de l'épigramme et du bon mot, circulez, circulez! Nous sommes quatre hommes et un caporal!

M. Vivier, *imitant le ventriloque et faisant sortir sa voix d'un placard voisin*. — En avant, arrche!

M. Granier de Cassagnac, *enthousiaste*. — Cette armée est l'armée du *Réveil!* Au combat, phalange immortelle! Suivez-moi dans les bureaux de journaux, dans les librairies, dans les théâtres ; fermons tous ces cloaques, entrons à la baïonnette dans tous ces bouges! Portons la torche dans toutes les imprimeries ! En avant! en avant!

Le Caporal, *aux frères Escudier*. — Faut-il emmener celui-là ?

Les frères Escudier. — { Gardez-vous en bien.
{ Gardez-vous en bien.

M. Vivier, *faisant sortir sa voix d'un tuyau de poêle.*
— Au feu ! au feu !

Le Caporal. — Que je crois que l'on crie au feu?

Premier homme. — Que ce serait alors le signal d'un incendie?

Deuxième homme. — Que la compagnie nous excusera de la *quittère*.

(*Les quatre hommes et le caporal sortent précipitamment.*)

M. Granier de Cassagnac. — A présent, occupons-nous de chauffer nos premiers numéros. Frappons un grand coup.

M. Vivier. — De poing !

M. Barbey d'Aurevilly. — Peut-être même n'y aurait-il pas de mal à être original.... pour commencer seulement.

M. Granier de Cassagnac. — Oh ! oh !

M. Vivier. — Je me rappelle avoir produit un effet pyramidal à Berlin, en donnant un concert avec un coq sur la tête.

Les frères Escudier. — { Avec un coq ?
{ Avec un coq ?

M. Granier de Cassagnac. — Je suis hostile à l'originalité ; l'originalité est indigne des hommes supérieurs.

M. Barbey d'Aurevilly. — Contentons-nous de l'esprit, alors, à doses modérées : un globule par colonne.

Les frères Escudier. — {Pourquoi pas deux ?
                        Pourquoi pas deux ?

M. Granier de Cassagnac. — Non ! retranchons l'esprit ; l'esprit est une chose puérile.

M. Vivier. — J'avais cependant une historiette assez gentiment aiguisée... à propos de rasoirs. Ah ! ah ! (*Il rit tout seul.*)

M. Granier de Cassagnac. — Pas d'historiette !

(*Tout à coup, on entend un bruit dans l'escalier comme quelqu'un qui tombe. Un cri, des plaintes.*)

M. Barbey d'Aurevilly. — Avez-vous entendu ?

Les frères Escudier. — {Oui, oui, nous savons...
                        Oui, oui, nous savons...

M. Granier de Cassagnac. — Qu'y a-t-il ? On nous dérange encore.

Les frères Escudier. — {C'est une marche qui manque.
                        C'est une marche qui manque.

M. Vivier. — Ah ! mon Dieu ! un malheur est si vite arrivé.

Les frères Escudier. — {Nous la ferons remettre.
                        Nous la ferons remettre.

M. Barbey d'Aurevilly. — Courons ! il y a peut-être une victime. (*On s'empresse dans l'escalier ; on rapporte un vieux monsieur fracassé.*)

Le vieux Monsieur. — Merci, merci... Je suis mourant. (*On l'assied dans un fauteuil.*)

M. Vivier. — Pauvre homme !

M. Granier de Cassagnac, *soupçonneux*. — C'est peut-être un bohême.

M. Vivier. — Que veniez-vous faire ici?

Le vieux Monsieur. — Je venais m'abonner. (*Mouvement général de stupeur.*)

Les frères Escudier. — { Nous n'avons pas de chance. Nous n'avons pas de chance.

M. Granier de Cassagnac. — Il est encore temps; il est toujours temps. Votre nom? votre adresse?

Le vieux Monsieur. — Mon adresse... elle est sur moi, avec toutes mes quittances d'abonnement... du *Globe*, de *l'Époque*, du *Pouvoir*...

M. Granier de Cassagnac. — Digne vieillard!

Le vieux Monsieur. — Du *Constitutionnel;* car je suis un fidèle, moi...

M. Granier de Cassagnac. — Nous le voyons bien... Allez-vous mieux?

Le vieux Monsieur. — Merci... au contraire... Hâtez-vous de m'inscrire... pour un abonnement de six mois. (*Il expire.*)

M. Granier de Cassagnac. — Ah! (*Il se penche et pose la main sur la poitrine du vieux monsieur.*)

M. Barbey d'Aurevilly, à *M. Vivier*. — Il lui tâte le cœur.

M. Vivier. — Non; il cherche son adresse.

M. Granier de Cassagnac, *après un silence*. — Mort au champ d'honneur!

LA POLICE LITTÉRAIRE

LA POLICE LITTÉRAIRE

Il vient de mourir un homme, bien connu de M. le baron Taylor, qui laisse après lui des plans bizarres, des projets de toute sorte. Entre autres choses, cet homme avait rêvé une organisation nouvelle pour la Société des Gens de Lettres, organisation fondée sur les habitudes et les mœurs de chacun de ses membres. Pour arriver à un ensemble suffisant d'études, il n'avait pas reculé devant l'établissement d'une petite police particulière, chargée de le renseigner jour par jour sur les illustrations et les quarts d'illustrations de notre temps. Nous avons obtenu communication de quelques-uns de ces rapports ; leur singularité, leur nouveauté nous engagent à les placer sous les yeux de nos lecteurs.

I

Lundi, M. Paul Foucher est sorti de chez lui à huit heures du matin ; il paraissait d'excellente humeur et bourdonnait, en marchant, de manière à rappeler le mot d'Edouard Ourliac : *un hanneton crépu.*

Le brouillard étant assez épais, M. Foucher alla donner contre une borne-fontaine du boulevard des Capucines ; il se confondit en excuses pendant cinq minutes environ, au bout desquelles, reconnaissant son erreur, il continua son chemin.

Un ami l'accosta, en le saisissant à bras le corps, comme s'il eût voulu arrêter le jeu d'une mécanique. Rendu immobile, M. Paul Foucher sourit et demanda : — Quoi de nouveau ? — Nous étions trop éloigné pour entendre la réponse de l'ami ; cependant nous crûmes distinguer les mots d'*Henri IV*, d'*obsèques*, *Pont-Neuf*. M. Paul Foucher tira alors son carnet avec empressement et y traça quelques lignes.

Il entra ensuite au café Cardinal où il lut tous les journaux, y compris *l'Echo de le Métallurgie* et *l'Azur*, gazette des teinturiers. M. Louis Lurine s'étant approché pour lui souhaiter le bonjour, M. Paul Foucher lui mit dans la main une pièce de cinq francs, en disant : — Payez-vous !

Vers midi, il se dirigea vers les bureaux du *Pays*, toujours pour se procurer des nouvelles. M. Marco de Saint-Hilaire, à qui il s'adressa, lui murmura à l'oreille quelques paroles, parmi lesquelles nous pûmes saisir : *Friedland.... l'aile gauche... la victoire...* M. Paul Foucher le remercia avec effusion. Il ne fit que passer dans les bureaux de *la Presse;* mais il s'arrêta pendant une demi-heure au *Constitutionnel*, où nous pensons qu'il eut un entretien de la plus haute importance avec M. Boniface, car il lui dit au moment de se séparer : — Oui, vous avez raison, l'horizon s'assombrit; pouvez-vous me prêter un parapluie ?

A trois heures, il ne restait plus à M. Foucher qu'à terminer ses visites par *la Patrie*. Un petit désagrément l'y attendait. M. Delamarre avait depuis la veille transféré son cabinet de rédaction dans un autre corps de logis. N'étant pas prévenu de ce déménagement, M. Paul Foucher se trompa d'escalier, tomba de l'imprimerie dans les docks de la vie à bon marché, et, guidé par sa myopie, demeura enfermé pendant une heure, — on ne sait comment, — dans un de ces réduits où jusqu'alors M. Clairville avait seul le privilége d'égarer la Muse.

C'est ce qui explique pourquoi *l'Indépendance belge* n'eut pas de correspondance particulière ce jour-là.

CORENTIN.

II

Aujourd'hui j'ai été témoin d'un étrange spectacle.

Mes instructions m'enjoignant de continuer à suivre M. Paul Foucher, je l'ai escorté jusque chez un marchand de masques et de costumes carnavalesques de la rue Saint-Honoré. Je l'ai attendu vingt minutes sur le trottoir d'en face. Quel n'a pas été mon étonnement en le voyant sortir de ce magasin sous un habit complet de général mexicain : bottes à revers, écharpe passequillée, chapeau à plumes de toutes les couleurs ! — Une protubérance en cartonnage couvrait la moitié supérieure de sa figure et le rendait méconnaissable.

Ainsi affublé, l'auteur de *la Joconde* et de *l'Amiral Byng* fit avancer une voiture découverte dans laquelle il monta. Il prit par la rue Vivienne et parcourut la ligne des boulevards. Devant la Porte-Saint-Denis, je le vis jeter à la foule une demi-livre de pralines. La curiosité publique était vivement excitée.

A cinq heures, son nez de carton s'étant détaché dans la rue de Rivoli, à la hauteur du square de la tour Saint-Jacques, M. Beckmann, correspondant de *la Gazette de Cologne,* le reconnut et le fit entrer dans un café. Là, M. Beckmann l'ayant interrogé sur son déguisement, M. Paul Foucher, d'un air triomphant, lui montra ce paragraphe d'une lettre qu'il allait jeter à la poste :

« Le carnaval s'annonce cette année sous des auspices vraiment joyeux; on parle de mascarades organisées, de tentatives pour transporter à Paris les pompes du Corso et de la place Saint-Marc. Pas plus tard qu'aujourd'hui, un délicieux bouffon, qui semblait échappé des bacchanales romaines, s'est promené en calèche, distribuant des *confetti* au peuple et mariant la verve du Pulcinella napolitain à la malignité nationale des enfants de nos faubourgs. C'est d'un bon augure pour les jours gras, etc., etc. »

— Eh bien? dit M. Beckmann après avoir lu, qu'est-ce que cela signifie?

— Cela signifie, répondit M. Paul Foucher, que, par la disette de nouvelles où nous sommes, je suis forcé de créer des événements pour en rendre compte.

M. Paul Foucher a une courbature.

Corentin.

III

Je me suis rendu ce matin à la bibliothèque Mazarine, dont M. Jules Sandeau est un des conservateurs. . La solitude de ce docte lieu n'était troublée que par les grandes enjambées de M. Daremberg, qui allait de de la salle de lecture à la salle des monuments pélasgiques, et par les éternuements d'un orientaliste en manteau vert. Dans un coin, le garçon Théophile apposait avec gravité sur les envois du ministère de l'instruction publique le timbre rouge de la bibliothèque orné du chapeau de Mazarin. Je vis le long des tables une menue collection de lecteurs parmi lesquels il me fut aisé de reconnaître, — à son odeur developpée par le chauffage de la salle, — ce savant dont l'habit est recouvert d'une épaisse couche de colleforte sur toutes les coutures; pauvre savant qui n'a ni femme, ni sœur, ni mère, ni maîtresse, ni servante, et qui n'a trouvé, dans la naïveté de son esprit, que ce seul moyen de suppléer à l'usage de l'aiguille et du fil !

M. Jules Sandeau est arrivé à onze heures ; il s'est assis avec une certaine mélancolie à son pupitre, entre les deux fenêtres qui regardent le pont des Arts. C'est un homme au crâne dévasté, ressemblant par le nez à M. Véron, et par les yeux à M. Paul de Kock.

J'ai été à lui et je l'ai prié de me faire donner le livre intitulé : « *Jamblicus, de Mysteriis Ægyptiorum, Chaldæorum, Assyriorum ; Proclus, in Platonicum Alcibia-*

dem de Animâ atque Dœmone; Proclus, de Sacrificio et Magiâ, etc. Venetiis, in ædibus Aldi et Andreæ soceri. 1516, in-folio. »

M. Jules Sandeau a paru un peu troublé; il m'a fait répéter trois fois et a consulté le catalogue ; puis il a fini par me dire que l'ouvrage était en lecture — chez madame Virginie Ancelot.

Un quart d'heure après, je me suis ravisé, et, voulant faire un acte de bon goût vis-à-vis d'un romancier dont les œuvres m'ont souvent procuré d'agréables émotions, je suis revenu lui demander, le sourire aux lèvres, *le Docteur Herbeau*. — M. Jules Sandeau a rougi jusqu'aux oreilles, et il m'a répondu d'un ton sec que la bibliothèque Mazarine ne prêtait pas de romans.

J'ai regagné ma place et j'ai réfléchi.

En me voyant, quelques minutes plus tard, me lever de nouveau et reprendre le chemin de son pupitre, M. Jules Sandeau s'est emparé précipitamment de son chapeau et a quitté la bibliothèque, en grommelant.

BIBI-LUBIN.

IV

Que le front de M. Jules de Prémaray était pâle mercredi, à onze heures du matin !

Il quittait à pas lents son domicile de la rue de Laval et descendait en soupirant la rue des Martyrs, la rue bien nommée.

A onze heures et demie, il avait une conversation

avec le caissier de son journal, et sa physionomie commençait à s'éclaircir.

A une heure, il s'accoudait sur le comptoir du libraire Michel Lévy, et je vis à travers les carreaux reluire des génovines.

A deux heures, il touchait ses droits d'auteur chez M. Perragallo, l'agent dramatique de la rue Saint-Marc.

A trois heures, M. Godefroy lui comptait le montant de ses feuilletons reproduits en province.

A quatre heures, il touchait une prime chez le directeur d'un de *nos principaux théâtres* du boulevard, sur une pièce reçue la veille.

Que le front de M. Jules de Prémaray était resplendissant mercredi, à onze heures du soir !

VAUTRIN.

V

Et passant sur le quai Voltaire, j'ai reconnu aujourd'hui les frères Edmond et Jules de Goncourt, ces deux dénicheurs de merles artistiques. Ils entraient chez un de ces marchands de curiosités dont les premières pages de *la Peau de Chagrin* ont illustré les somptueux intérieurs. J'entrai derrière eux.

Le plus jeune, Jules, poussa tout à coup le bras d'Edmond, en lui disant à voix basse et rapidement :

— Regarde de ce côté !

— Quoi ?

— Cette tasse.

— Oh ! la belle tasse ! ne put s'empêcher de s'écrier Edmond de Goncourt.

Ils tombèrent tous deux dans un état voisin du ravissement ; ils prirent ensuite la tasse avec dévotion, la présentèrent au jour, la tournèrent, la retournèrent, la caressèrent du pouce, la remirent en place, s'éloignèrent de cinq pas pour la considérer, et y revinrent plus épris.

— Il y a les initiales de la marquise de Pompadour, dit Edmond à Jules.

— Oui.

— Et elle est signée, ajouta-t-il.

— Comment ?

— *Deux mille.*

— C'est la signature en calembour du fameux Vincent ?

— Juste, fit Edmond.

— Quel travail exquis ! quelle pâte ! quelle lumière !

— Il faut l'acheter.

— Penses-tu que cela soit bien nécessaire ? hasarda Jules.

— Parbleu ! pour la décrire.

— Tu sais que j'ai beaucoup de mémoire ; je pourrais peut-être...

— Non, non ! s'écria Edmond de Goncourt ; on ne décrit bien que sur nature ; ne sortons pas de notre système : achetons.

— C'est que notre système finit par devenir ruineux. Sais-tu que notre dernier livre nous a coûté près de quinze mille francs ?

— Mais aussi il n'y est pas question d'un seul meuble qui ne soit à nous, dit Edmond.

— L'armoire du premier chapitre est d'un prix exorbitant.

— Que veux-tu? la première manière de Boule! un genre d'incrustation perdu! il était indispensable de bien commencer l'ouvrage.

— Et la robe de l'héroïne? murmura Jules.

— Victorine ne nous a pas ménagés, c'est vrai ; mais au moins la critique et le monde n'ont eu à signaler aucune hérésie dans notre élégance ; c'était le point capital. La conscience est chère, tu ne l'ignores pas, toi qui as fait faire deux repas à notre héros et qui as voulu chaque fois manger comme lui. Et quel menu, corbacque! Potage à la Bagration, carpes du Rhin à la Chambord, grives de Corse.

— Le fait est, dit Jules, qu'il n'eût pas été séant à nous de parler de ces mets seulement par ouï-dire, comme des rustauds.

— Tu en conviens ; et tu avoueras, en outre, que j'ai réalisé de notables économies en faisant passer une partie de notre action à la campagne.

— Nous ne pouvions pas non plus acquérir le Bas-Meudon!

— Mais le bal du dénoûment?

— Un coup d'éclat! s'écria Edmond.

— Et une note chez le tapissier de deux mille quatre cents francs, riposta Jules ; tu avais voulu des rideaux exactement pareils à ceux de la planche du *Concert* de Saint-Aubin.

— La critique nous en a su gré ; jamais on n'avait vu un roman mieux tendu, mieux éclairé.

— Des rafraîchissements à profusion !

— C'est ce qui a déterminé notre succès. Si tous les auteurs apportaient le même scrupule que nous dans leurs compositions...

— La littérature deviendrait inabordable pour beaucoup d'entre eux, acheva Jules.

— Oh ! tu es morose, dit Edmond ; marchande plutôt la tasse.

— Décidément?

— On a toujours l'emploi d'une tasse. Vois la *Frédérique*, de Gozlan.

— Allons, va pour la tasse.

La tasse fut achetée.

— A présent, dit Jules à Edmond, passons rue de Seine, chez Charavay, qui m'a promis de nous réserver quelques autographes pour notre *Histoire de la Société française sous l'Empire*.

Je vis par là que si Edmond avait la manie du bric-à-brac, Jules de Goncourt, en revanche, était possédé de la passion des autographes. Je me glissai à leur suite chez le marchand de signatures et d'intimités.

— J'ai votre affaire, s'écria Charavay en les apercevant : une lettre superbe de Benjamin Constant, quatre pages pleines, sur la philosophie de l'histoire.

— Peuh ! la philosophie de l'histoire ! dit Edmond d'un ton d'indifférence.

— Nous aimerions mieux autre chose, ajouta Jules.

— Une lettre de Berthier, alors, reprit Charavay, toute en renseignements sur la bataille de... de...

— Oh! les renseignements! dit Jules.

— Cela n'apprend rien, dit Edmond.

— Diable! vous m'embarrassez, dit le marchand en se grattant le front; c'est qu'il ne reste plus qu'un billet sans importance de Brunet.

— De Brunet? bravo!

— Brunet est le seul qui jette quelque lueur sur les mœurs de l'époque, observa Jules de Goncourt.

— Et à qui est adressé ce billet? demanda Edmond.

— A son camarade Tiercelin, répondit le marchand.

— Très-bien! Tiercelin, c'est le peuple.

— Voyons le billet.

Ils lurent.

« Vieille brute, c'est demain que je t'attends au *Bœuf montagnard*, à six heures de relevée. J'ai obtenu de Duval qu'on ne commencerait *Jocrisse* qu'à neuf heures. Amène Elomire et la petite Cuissot; on festoiera. — Tout à toi. »

— Ah! le joli autographe! s'écria Jules de Goncourt extasié.

— Et comme il est mal conservé! dit Edmond.

— A combien le billet de Brunet, demandèrent-ils?

— Oh! mon Dieu! pas cher, répondit Charavay; un franc soixante-quinze centimes.

— Les voici, firent-ils en chœur.

M. Charavay empocha froidement cette monnaie, et leur dit :

— Vous ne vous arrangez donc pas du Benjamin Constant?

— Non.

— Ni du Berthier?

— A quoi bon !

— Ce sont d'utiles documents pour une *Histoire de la Société française sous l'Empire*, objecta-t-il.

— La lettre de Brunet nous suffit, répondit Jules de Goncourt en roulant soigneusement ce lambeau de papier.

— Oui, tout est là, dit Edmond.

Edmond portait la tasse.

Jules portait la lettre.

Ils redescendirent ainsi vers la Seine et montèrent vers le quai des Augustins. Devant l'imprimerie Bonaventure et Ducessois, l'aîné dit au cadet :

— Il ne nous reste que le temps de corriger nos épreuves, si nous voulons assister à la vente des tableaux et objets d'art de M. Paulin Ménier, qui a lieu aujourd'hui, dans la salle n° 4, par le ministère de Mᵉ Charles Pillet.

— C'est sérieux ; nous avons déjà manqué la vente de mademoiselle Hinry, des Variétés. — Corrigeons vite nos épreuves, répliqua Jules.

Connaissant un correcteur de l'imprimerie Ducessois, je pus entendre d'un cabinet voisin la suite de cet entretien.

— Relis-moi ton cochon, dit Edmond à Jules.

— Quel cochon ?

— Le cochon du troisième chapitre.

— Mais ce n'est pas le mien, c'est le tien, dit Jules ; c'est toi qui l'as écrit.

— Crois-tu ? je ne m'en souviens pas ; tu me feras plaisir en me le relisant.

Jules chercha une feuille parmi les épreuves, et commença d'une voix douce ce morceau descriptif :

« Le cochon dormait.

» C'était un de ces sommeils calmes, plats, profonds et béats que donne l'alliance d'une conscience d'or et d'un estomac de fer. Il gisait en travers de la porte qu'il barrait toute ; son ventre rose avait coulé sur le fumier mollet et s'y reposait, tressautant. Pour mieux être, il avait allongé ses courtes jambes. Un froncement de graisse et trois cils blancs indiquaient seuls la place de ses yeux. Dans son grouin immobile, un halètement tranquille allait et venait, et si profondément il goûtait son repos que sa queue en vrille s'était un peu dénouée. Le soleil le berçait de caresses, passant ses mains d'or sur ses soies drues, sur ses flancs truités, sur son long dos truffé de rondes taches noires. Ni remords ni rêve qui le troublât en sa sieste, cet honnête homme de cochon : une pose d'une paix, d'une détente, d'une onction, d'un abandon merveilleux à voir ! De longtemps en longtemps, il remuait, pour chasser les mouches, à peu près un quart de son oreille ; mais comme un prince éventé par un esclave, il ne s'éveillait pas pour cela, bien au contraire (1). »

— Il n'est pas mal, ton cochon, dit Edmond en approuvant de la tête.

— Notre cochon, répondit Jules avec modestie.

— Comme tu voudras.

(1) *Les Actrices.*

— Mais il aurait pu être mieux encore, reprit Edmond.

— Comment cela?

— Ah ! il fallait acheter le cochon.

Peyrade.

L'ENFER

DES

GENS DE LETTRES

L'ENFER

DES

GENS DE LETTRES

Virgile. — Par où voulez-vous commencer ?

Nous. — Je suis vraiment confus de votre obligeance ; M. Flaxman m'avait déjà parlé de vous dans les termes les plus affectueux ; il vantait à qui voulait l'entendre votre complaisance inépuisable.

Virgile. — M. Flaxman est bien bon. Je l'ai accompagné en effet dans sa petite excursion à travers les cercles infernaux.....

Nous. — Dont vous êtes le Dennecourt.

Virgile. — Mais cela ne valait pas la peine d'un souvenir. — Je me fais un vrai plaisir de servir de guide aux étrangers de distinction ! Voulez-vous commencer par le Purgatoire ?

Nous. — Je n'y tiens pas absolument.

VIRGILE. — Vous êtes comme beaucoup de personnes. Le Paradis est encore moins visité; M. Fiorentino m'avait pourtant promis, l'année dernière, de m'envoyer quelques-uns de ses amis. Mais ces journalistes sont si oublieux !

Nous. — Dites : si occupés.

VIRGILE. — Comme il vous plaira. Est-ce l'Enfer tout entier que vous désirez voir ou seulement quelques portions ?

Nous. — Oh! je me contenterai d'un cercle... et même d'un demi-cercle : celui où gémissent la plupart des hommes de lettres qui furent mes contemporains au XIXe siècle.

VIRGILE. — Rien de plus aisé. Je vais allumer une lampe et vous conduire. Etes-vous impressionnable ?

Nous. — Sans excès. Pourquoi ?

VIRGILE. — C'est que nous avons des suppliciés assez désagréables.

Nous. — Plus désagréables que de leur vivant ? cela me paraît douteux.

VIRGILE. — Enveloppez-vous dans votre manteau. Drapez-vous mieux ; les plis plus droits ; — car nous avons à traverser le lac des artistes, et il ne faut pas que nous prêtions à leurs railleries. Venez, à présent.

———

(*Un chemin creux. Hippolyte Lucas une escopette à la main.*)

HIPPOLYTE LUCAS, *seul*. — Notre-Dame del Pilar, protégez-moi ! Faites qu'il ne vienne personne par ce chemin ! Quel horrible métier que celui qu'on m'oblige à faire : tirer sur mes meilleurs amis, dépouiller mes plus chères connaissances, moi qui ai passé ma vie sur la terre à encenser tout le monde, — moi qui, en rentrant chaque soir, ne pouvais même m'empêcher de dire à mon portier : Votre petite loge est ravissante !

Un Diable, *survenant*. — Vite ! vite ! voici un voyageur qui arrive de ce côté.

Hippolyte Lucas. — Ah ! mon Dieu ! déjà ! Quel est-il ?

Le Diable. — J'ai lu sur sa valise : Louis Desnoyers.

Hippolyte Lucas. — Louis Desnoyers ! le meilleur de mes amis ; il faut que je l'embrasse... (*Il va pour courir.*)

Le Diable, *le retenant*. — Arme ta carabine.

Hippolyte Lucas. — Oui, oui, je connais... c'est une romance... très-jolie d'ailleurs, excessivement jolie ; j'en ai parlé.

Le Diable. — J'entends le bruit de ses pas. Apprête-toi.

Hippolyte Lucas. — Je ne pourrai jamais ; j'aime trop le talent de Desnoyers !

Le Diable. — Le voici ! vise au cœur. (*Louis Desnoyers paraît ; il reçoit une balle dans la poitrine.*)

Hippolyte Lucas. — Mon cher ami, mon excellent confrère, je vous expliquerai tout.

Louis Desnoyers. — Lucas, soit maudit ! (*Il se roule sur le sable et expire dans d'affreuses convulsions. Le diable disparaît.*)

Hippolyte Lucas, *seul, recommençant le monologue*

cité plus haut. — « Notre-Dame del Pilar, protégez-moi ! Faites qu'il ne passe personne par ce chemin ! Quel horrible métier, etc., etc., etc. »

Le Diable, *revenant.* — Vite ! vite ! à ton poste !

Hippolyte Lucas. — Quoi encore ? Tout mon sang se glace dans mes veines. — Tiens ! la jolie phrase… ! Il est étrange que le danger ne m'enlève pas le sentiment du style.

Le Diable — Je viens d'apercevoir M. Pigeory, directeur de la *Revue des Beaux-Arts*, il donne le bras à M. Pitre-Chevalier. Tous deux se dirigent vers ce ravin…

Hippolyte Lucas. — Ciel ! mes deux meilleurs amis !

Le Diable. — Arme ta carabine.

Hippolyte Lucas. — Oui, oui, je sais. Mais que penseront-ils de moi? (*MM. Pigeory et Pitre-Chevalier débouchent par le sentier; ils reçoivent chacun une balle et ils mordent la poussière.*)

Pigeory. — Voilà un chemin qui n'est pas sûr.

Pitre-Chevalier. — O mon Yvonne, adieu !

Hippolyte Lucas *se précipitant sur les deux cadavres.* — Mes amis, mes chers amis, pardonnez-moi !

———

(*Une serre. Dans cette serre, un homme. Auprès de cet homme, un diable. L'homme est Alexandre Dumas.*)

Alexandre Dumas. — Maître ! (*Le diable le regarde en ricanant.*) maître ! maître !

Le Diable. — Va, va toujours ; je te connais. Tu veux que je te réponde : « Quoi ? » pour gagner une ligne. Mais je ne t'accorderai point cette satisfaction. Parle ; personne ne t'interrompra.

Alexandre Dumas. — Personne ne m'interrompra, ô douleur ! Je commence. Hum ! Je... — Si encore il me disait seulement : « J'écoute, » je riposterais par : « Voici ce que c'est. » Mais rien, nul encouragement. Maître !

Le Diable, *lui donnant un coup de fourche.* — Eh bien !

Alexandre Dumas, *avec joie.* — Il y est venu ! Maître, les cent ans que vous m'avez octroyés pour écrire un roman en un volume sont révolus ; mon roman est terminé.

Le Diable. — Déjà !

Alexandre Dumas. — J'achève l'épilogue.

Le Diable. — Tu as été bien vite.

Alexandre Dumas. — Bien vite ! un siècle ! moi qui autrefois ne demandais que vingt-quatre heures pour faire un drame en cinq actes, et vingt-quatre jours pour faire un roman en cinq volumes.

Le Diable, *ironique.* — Seul ?

Alexandre Dumas, *écrivant.* — « Mordious ! Comment ! Pourquoi ? Vrai ? D'honneur ! Pas possible ! Juste ! Il se pourrait ! Expliquez-vous ! Bah... ! »

Le Diable. — Ecris plus lentement.

Alexandre Dumas. — Je ne peux pas !

Le Diable. — Mûris ta pensée.

Alexandre Dumas. — Impossible !

Le Diable, *lui donnant un coup de fourche.* — Moins d'alinéas.

Alexandre Dumas. — C'est au-dessus de mes forces.

Le Diable. — Pas de dialogue.

Alexandre Dumas, *avec un soubresaut.* — Qu'est-ce que vous dites?

Le Diable. — Je dis : pas de dialogue.

Alexandre Dumas, *au désespoir.* — Alors pas de Dumas.

Le Diable, *lui donnant un coup de fourche.* — Tu raisonnes?

Alexandre Dumas. — Non. (*Il se remet à écrire.*)

Le Diable. — Imite la manière de Balzac.

Alexandre Dumas. — Oh!

Le Diable. — Est-ce que tu ne l'admires pas, ton petit camarade Balzac?

Alexandre Dumas. — Si, si!

Le Diable. — N'est-ce pas que c'est le premier de nos romanciers?

Alexandre Dumas. — Le premier, oui.

Le Diable. — Et que George Sand est le second?

Alexandre Dumas. — Le second, certes.

Le Diable. — Et Eugène Sue le troisième?

Alexandre Dumas. — Le troisième, sans conteste.

Le Diable. — Et Frédéric Soulié le quatrième?

Alexandre Dumas, *soupirant.* — Le quatrième, évidemment.

Le Diable. — A la bonne heure, ton goût commence à se former. As-tu fini?

Alexandre Dumas, *vivement.* — Oh! oui! oui!

Le Diable. — Allons, dédie ce roman à Buloz.

Alexandre Dumas. — A Buloz !

Le Diable. — En l'appelant : « Mon illustre et affectionné maître. »

Alexandre Dumas. — Jamais !

Le Diable, *lui donnant un coup de fourche.* — Est-ce fait?

Alexandre Dumas, *se résignant.* — Voilà.

Le Diable. — A présent, signe. (*Regardant sur le papier.*) Pas comme cela.

Alexandre Dumas. — Comment !

Le Diable. — Signe : Maquet.

Alexandre Dumas, *bondissant.* — Etes-vous fou, cher diable?

Le Diable. — Des familiarités ! (*Un coup de fourche.*)

Alexandre Dumas. — Mais songez-y donc. Vous voulez que je signe Maquet et Dumas?

Le Diable. — Non, Maquet tout court.

Alexandre Dumas. — Un chef-d'œuvre que j'ai mis cent ans à parfaire !

Le Diable — C'est bien pour cela.

Alexandre Dumas. — Savez-vous que c'est révoltant.

Le Diable. — Parbleu! (*A part.*) Cet homme me fait faire du dialogue malgré moi. (*Haut.*) Signe, te dis-je.

Alexandre Dumas. — Miséricorde !

Le Diable, *lui donnant un coup de fourche.* — Signeras-tu, enfin?

Alexandre Dumas. — Satan!! (*Il signe :* Maquet, *en grinçant des dents.*)

Le Diable. — En plus grosses lettres !

Alexandre Dumas, *écrivant.* — Maquet.

Le Diable. — Plus grosses encore.

Alexandre Dumas. — MAQUET.

Le Diable. — Très-bien ! maintenant, repose-toi.

Alexandre Dumas, *épouvanté.* — Me reposer, moi !

Le Diable. — Pendant cent ans.

Alexandre Dumas. — Tuez-moi plutôt !

Le Diable. — Pendant deux cents ans.

Alexandre Dumas. — Malédiction !

—

(*Un paysage athénien où se promène Théodore de Banville, vêtu seulement d'un thyrse, comme le dieu Liber.*)

THÉODORE DE BANVILLE

Qu'il fait froid au milieu de ces architectures !
L'ombre aux crins éperdus en tous lieux se répand.
On dirait de Rosa les sauvages peintures ;
C'est un temps à ne pas mettre dehors un paon.

(*Il brandit son thyrse.*)

Le soleil est rentré dans son immense alcôve ;
Moi, je serai demain enrhumé du cerveau.
Pour un bon paletot, aux tons roux, au poil fauve,
J'écouterais, je crois, des vers de Mollevaut.

(*Il brandit son thyrse.*)

Les Grecs vont nus. Le nu, c'est le beau. Sans peluro,
Cupido s'esbattait sous les portiques blancs.
Pourquoi le marbre est-il frère de l'engelure?
Pourquoi la stalactite au bout des nez tremblants?

(*Il brandit son thyrse.*)

Sachons garder pourtant des contenances grandes ;
Et puisque je ne peux rencontrer de brasier,
Chantons Io Pean, et faisons des guirlandes :
J'aperçois justement un lis extasié.

(*Il va pour cueillir le lis extasié qui se change en or.
Surprises et éblouissements de Théodore de Banville.
Il se dirige vers une rose qui se métamorphose également
en or. Sa main se porte sur un arbre; c'est de
l'or qu'il touche. Il s'arrête et dit :*)

Voilà, dieux immortels, un éclatant prodige!
Des ors! partout des ors! comme dans le tableau
De Couture! Est-ce là l'Eldorado? — Que dis-je?
Je suis place Saint-George et j'entre chez Millaud.

(*Il brandit son thyrse.*)

Essayons de ravir la pêche à double joue,
Et d'y porter la dent... Ciel! le miracle encor!
Faudra-t-il donc aussi, monnayable Capoue,
Que j'aiguise ma faim sur des biftecks en or?

(*Il brandit son thyrse.*)

Par Comus! ce prodige est fort désagréable!
Les Véfour sont ici richement inhumains.

J'ai soif. Buvons le flot en cet endroit guéable.
Eh quoi ! toujours de l'or coulant entre mes mains !

(*Il brandit son thyrse.*)

Je trouve un tel supplice absurde et médiocre ;
Et parce que j'ai fait abus de ce métal,
Comme Arsène des fleurs, comme Théo de l'ocre,
Jupin, à mon égard, me semble trop brutal.

(*Il grelotte en brandissant son thyrse.*)

—

(*Une bibliothèque dont tous les rayons sont vides; au milieu, Sainte-Beuve, et à son côté un diable, travesti en étudiant.*)

L'Etudiant. — Appelle un chat un chat.
Sainte-Beuve. — Vous m'embarrassez fort ; ne vous semble-t-il pas cependant que, sans détourner ce mot de ses diverses appropriations, un équivalent sauvegarderait davantage les délicatesses de notre langue ?
L'Etudiant. — Tu m'ennuies. J'ai ordre de ne te laisser employer que le mot propre.
Sainte-Beuve. — Par la mère Angélique, c'est que notre vocabulaire est bien infertile en mots propres ; la pensée a ses fluidités, l'âme a ses sons, pour l'expression desquels il m'a paru indispensable de créer ce qu'on pourrait appeler, je le crois du moins, sans compromettre personne, un idiome à côté.
L'Etudiant. — Oh ! quel damné fatigant ! Voyons ton travail d'hier. (*Sainte-Beuve lui présente cinq ou*

six feuilles couvertes d'une petite écriture ; l'étudiant prend un démêloir et le passe à plusieurs reprises dans les périodes de l'académicien.)

Sainte-Beuve. — Etes-vous à peu près content, ou du moins...

L'Etudiant, *l'interrompant.* — Non, c'est encore trop diffus, trop embrouillé. (*Le démêloir se casse.*) Vois ! Récite-moi les phrases que je t'ai ordonné d'apprendre afin de faciliter tes progrès dans le style simple et clair.

Sainte-Beuve. — Comment! ces platitudes qui....

L'Etudiant. — Pas de réplique.

Sainte-Beuve. — Ces trivialités dont...

L'Etudiant. — Récite-les.

Sainte-Beuve, *gémissant.* — « Deux et deux font quatre. » (*A part.*) O *Volupté !*

L'Etudiant. — Après ?

Sainte-Beuve. — « Pour faire un civet, prenez un lièvre. » (*A part.*) O les *Pensées d'août !*

L'Etudiant. — Continue.

Sainte-Beuve. — « Dis-moi qui tu hantes, et je te dirai qui tu es. » (*A part.*) O les *Rayons jaunes !*

L'Etudiant. — Je suis content de toi. Pour demain, tu apprendras la chanson de Malborough, et pour après-demain une page de Paul de Kock, la première venue.

(*Une mairie. Madame George Sand y est amenée ou plutôt traînée par plusieurs invités et témoins.*)

Un Diable, *faisant l'office d'adjoint au maire.* — Jean-Bastien Pidoux, consentez-vous à prendre pour épouse Marie-Aurore Dupin, dite George Sand, femme de lettres ?

Pidoux. — Ma foi ! oui-dà, elle est belle femme.

Le Diable-Adjoint. — Et vous, George Sand, consentez-vous à prendre pour mari Jean-Bastien Pidoux, nourrisseur, demeurant au Petit-Gentilly ?

George Sand, *poussant des cris.* — Non ! non ! jamais ! Le mariage est immoral.

Pidoux. — C'est que j' vous aimerons ben, tout d' même, ma petite dame, et que j' vous cajolerons à la mode d' cheux nous.

George Sand. — Un nourrisseur ! à moi qui ai écrit *Indiana* et *Mauprat* !

Un Diable, *très-brutal.* — Allons, décidez-vous, ou gare la chaudière !

Pidoux. — J' vous donnerons du petit salé tous les dimanches, et des pruneaux, da !

George Sand. — Si encore il parlait berrichon ; cela me rappellerait ma dernière manière. T'engages-tu à parler berrichon, manant ?

Pidoux. — Jarni ! j' parlerons iroquois, si cela vous fait plaisir.

George Sand. — Hideux ! hideux !

Le Diable-Adjoint. — L'autorité ne peut attendre plus long-temps. Dépêchons.

George Sand. — Au moins, obligez-le à quitter son immense faux-col.

Le Diable-Adjoint. — Pidoux, vous êtes invité à déposer votre col sur le bureau.

Pidoux. — Ce n'est pas d' refus ; y m'étranglait, à preuve que j'avons les oreilles comme de la braise. — Hi ! hi ! hi ! (*Il rit.*)

Le Diable-Adjoint. — Signez sur ce registre.

Pidoux. — V'là ma croix.

Le Diable-Adjoint, *à George Sand*. — A votre tour. (*George Sand signe avec colère. Le diable-adjoint regarde sa signature et lui dit :*) Il faut un *s* à Georges.

George Sand. — Non.

Le Diable-Adjoint. — Si.

George Sand, *haussant les épaules*. — Je n'en mets jamais.

Le Diable-Adjoint. — Pourquoi ?

George Sand. — Je n'en sais rien, mais je n'en mets jamais.

Le Diable-Adjoint. — On doit se conformer ici à l'orthographe du calendrier.

Pidoux. — Allons, not' petite femme, obéis à ces messieurs qui sont polis tout plein avec leur foulard autour du ventre. Donne-leur-z-y ce qu'ils te demandent ; et puis nous irons achever la noce au *Troupier fini,* ousque le grand cousin Michel et les autres nous attendent. Même que si ces messieurs veulent bien se rafraîchir d'un coup de vin, y nous feront un honneur dont nous sommes capables et flattés de la récidive, quant à ce qui regarde les honnêtes gens. Pas vrai, ma femme ?

(*Un élégant boudoir. Trois ou quatre diables mettent un corset à Champfleury.*)

Premier Diable. — Monsieur est charmant !

Deuxième Diable. — Ce corset va admirablement à Monsieur.

Troisième Diable. — C'est-à-dire que Monsieur fera tourner toutes les têtes ce soir, chez la duchesse de Palma-Christi.

Premier Diable. — Maintenant, il faut que Monsieur essaye d'entrer dans ces bottes vernies.

Deuxième Diable. — Monsieur les trouvera peut-être trop étroites, mais il n'en sera que mieux chaussé.

Troisième Diable. — Je vais brosser les cheveux de Monsieur avec deux brosses et lui dessiner une raie au milieu de la tête.

Quatrième Diable. — Ce flacon d'essences sur ses vêtements !

Cinquième Diable. — Et celui-là encore !

Premier Diable. — Que Monsieur sent bon !

Deuxième Diable. — Monsieur montera-t-il aujourd'hui son alezan *Vaporeux?*

Troisième Diable. — Le temps est superbe ; tout Paris sera au Bois.

Premier Diable. — J'oubliais de dire à Monsieur que deux de ses amis du club étaient venus le demander ce matin : M. Raoul de Bréchigny.....

Deuxième Diable. — Et le vicomte d'Herseneuve.

Premier Diable. — M. Raoul de Bréchigny a laissé six mille pistoles qu'il prétend avoir perdues hier au whist contre Monsieur.

Deuxième Diable. — Il y a aussi une dame qui a beaucoup insisté pour voir Monsieur..... une dame de l'Opéra.

Premier Diable. — Mademoiselle Angèle Bonino...

Deuxième Diable. — Voilà le stick de Monsieur.

Troisième Diable. — Et ses gants.

Quatrième Diable. — Et son lorgnon.

Cinquième Diable. — Bonne chance à Monsieur !

—

(*La rue de Bondy, à minuit. B. Jouvin se promenant devant la porte des acteurs du théâtre de la Porte-Saint-Martin.*)

B. Jouvin, *seul.* — La pièce est excellente, et tous les artistes ont été parfaits, depuis le premier jusqu'au dernier. Il faut absolument que je leur fasse mes compliments. Justement, voici quelqu'un. (*Un machiniste sort.*)

B. Jouvin, *mettant des gants pour lui parler.* — M. Brisebarre, je crois?

Le Machiniste. — Non.

B. Jouvin. — C'est égal. Votre drame est magnifique, là, tout simplement. Une observation profonde, un goût réfléchi, de la portée enfin : du Shakspeare édulcoré avec du bon Dumas.

Le Machiniste. — Mon œil ! (*Il s'en va.*)

B. Jouvin, *seul.* — Qu'est-ce qu'il veut dire ? Son œil ? N'importe, ce Brisebarre est bien doué; Nyon aussi ; Séjour aussi ; Dugué aussi. Ah ! ce sont de délicieux auteurs. Je les ferai relier, avec des nerfs sur le dos. — Mais les artistes ne sortent pas; ils ramassent leurs couronnes sans doute. — Une ombre! (*Une ouvreuse sort.*)

B. JOUVIN, *mettant des gants pour lui parler*. — Madame Emilie Guyon, n'est-ce pas?

L'OUVREUSE. — Non.

B. JOUVIN. — C'est égal. Jeu mesuré... diction pleine de certitude... de l'ampleur, beaucoup d'ampleur... Oh! quelle ampleur!

L'OUVREUSE. — Passez votre chemin, insolent! (*Elle s'en va.*)

B. JOUVIN. — Elle est encore dans l'ivresse de son triomphe. Ne la troublons pas. — Je voudrais complimenter le chef d'orchestre à présent; il y a de l'âme dans sa musique; je distingue en lui l'étoffe d'un maître. — Et le décorateur? Superbe, le décorateur! Magie de palette, effets de perspective habilement ménagés. C'est lui! (*Un pompier sort.*)

LE POMPIER, *fredonnant*. — *Folichon et Folichonnette...*

B. JOUVIN, *mettant des gants pour lui parler*. — Monsieur Séchan, il me semble?

LE POMPIER. — Qu'est-ce que vous faites là.

B. JOUVIN. — J'attends.

LE POMPIER. — Il n'y a plus personne. Tout est éteint.

B. JOUVIN. — Diable! c'est fâcheux. J'aurais voulu féliciter le souffleur.

(*Une forêt ou tout autre endroit. Prosper Mérimée en proie à trois diables.*)

Premier Diable. — Pendons-le par les pieds.

Deuxième Diable. — Cela lui mettra un peu de chaleur au cerveau...

Troisième Diable. — Et lui fera composer des romans moins impassibles. (*On pend Mérimée par les pieds.*)

Premier Diable, *après quelques minutes d'attente.* — Eh bien?

Deuxième Diable. — Il ne bouge pas.

Troisième Diable. — Il reste blême.

Deuxième Diable. — Nous n'avons jamais vu de patient plus flegmatique. C'est bien l'homme qui a écrit *la Double Méprise* et *le Vase étrusque*.

Troisième Diable. — Le fer mord à peine sur lui, et il s'enrhume au milieu des flammes. C'est bien l'auteur de *la Vénus d'Ille*.

Premier Diable. — Décrochez-le alors : ce n'est pas cela qu'il lui faut. (*On dépend Mérimée.*)

Mérimée. — Vous allez bientôt cesser vos mauvaises plaisanteries, j'espère.

Premier Diable. — Pas avant que nous ne t'ayons vu pleurer.

Mérimée. — Pleurer; à quoi bon?

Premier Diable. — J'ai juré que j'aurais une preuve de ta sensibilité.

Mérimée. — Eh bien! lisez mon *Histoire de don Pèdre*.

Premier Diable. — Ce n'est pas suffisant.

Deuxième Diable. — Nous voulons des pleurs abondants et sincères.

Troisième Diable. — Une émotion réelle...

Mérimée. — La peste si je pleure !

Premier Diable. — Vois ton confrère Jules Sandeau : il est plus raisonnable que toi, il ne se fait pas prier pour s'attendrir.

Mérimée. — Parbleu ! c'est sa spécialité.

Premier Diable. — Tais-toi ! Les spectacles les plus touchants vont, par mon pouvoir, être mis sous tes regards ; des groupes déchirants vont se former à tes yeux ; autour de toi, tu n'entendras que des sanglots et des lamentations. Regarde, et que ton cœur se fende ! Ecoute, et que tes entrailles remuent !

Mérimée. — Allons, je suis prêt. (*Il allume un cigare et s'asseoit sur un tronc d'arbre. Les apparitions commencent.*)

Premier Diable. — Voici d'abord Geneviève de Brabant, exposée presque nue, avec son enfant, par les ordres du farouche Golo.

Mérimée. — Le torse est bien, les attaches sont élégantes.

Premier Diable. — Mais sa douleur ! contemple sa douleur !

Mérimée. — La douleur est un agent de défiguration ; je hais la douleur.

Premier Diable. — Passons à autre chose, dans ce cas.

Deuxième Diable. — Voici la mort de Coligny ; il présente sa poitrine sans défense aux assassins.

Troisième Diable, *ému*. — Pauvre homme !

Premier Diable. — Plains cette noble victime!

Deuxième Diable. — Plains aussi le jeune Téligny, l'espoir de sa famille!

Mérimée. — A ce compte, je mouillerais tout un exemplaire de *la Henriade*. Présentez-moi des infortunes plus récentes ou laissez-moi tranquille.

Troisième Diable. — L'endurci!

Premier Diable. — Il a peut-être raison.

Deuxième Diable. — Mais quelle infortune récente pourrions-nous bien évoquer.

Premier Diable. — Il me vient une idée. (*L'ombre de M. Libri paraît, chargée de fers.*)

M. Libri. — Protégez-moi, mon cher Mérimée; on m'entraîne chez le podestat!

Mérimée. — Encore!

M. Libri. — On prétend que j'ai oublié de rendre à la Bibliothèque de l'Arsenal le dix-septième volume du *Dictionnaire de la Conversation*.

Mérimée. — Je sais, je sais... (*Il fume.*)

M. Libri. — Mais c'est faux!

Mérimée. — Oui, oui.

M. Libri. — C'est le dix-neuvième!

Mérimée. — Ma foi, mon bonhomme, tirez-vous de là; j'ai fait tout ce que j'ai pu pour vous. (*L'ombre de M. Libri se dissipe. Les diables se regardent, consternés.*)

Premier Diable. — Qu'imaginer à présent?

Deuxième Diable. — Je jette ma langue à Cerbère.

Premier Diable. — Essayons encore. (*On voit surgir le spectre de Stendhal, accablé de désespoir.*)

Stendhal. — Hélas! hélas!

Mérimée. — Eh quoi! c'est vous, Stendhal; d'où vous vient cette tristesse inusitée?

Stendhal. — Ah! mon ami, je traverse une vallée de larmes.

Premier Diable. — Regarde, il pleure, lui!

Mérimée, *soucieux*. — C'est vrai.

Deuxième Diable, *bas à l'oreille du troisième*. — Je crois qu'il est ébranlé.

Troisième Diable. — Je le crois aussi.

Stendhal. — Evitez la sécheresse, mon cher ami; elle est aussi funeste à l'âme qu'à la terre.

Mérimée, *à part*. — Hum! mauvaise phrase... C'est égal: Stendhal pleure, j'ai bien envie de pleurer aussi.

Premier Diable, *bas*. — Courage!

Deuxième Diable, *de même*. — Attention!

Mérimée. — Ah! ma foi, non, ce serait trop bête. (*Il allume un second cigare.*)

Premier Diable. — Nous recommencerons demain.

—

(*La tentation de Pontmartin. Dans le parc d'Asnières. Une légion de diablesses, en robes de lorettes.*)

Anita. — Mesdemoiselles, il faut que M. de Pontmartin nous mène à la balançoire.

Toutes. — Oui, oui! à la balançoire!

De Pontmartin. — En vérité, mesdemoiselles, je ne sais si je peux... laissez-moi rejoindre ma société.

Héloïse. — Ta société attendra, grand notaire!

Marguerite. — Ne dirait-on pas qu'on veut l'avaler? Allons! à la balançoire! (*On l'entraîne.*)

Nini. — Il ne sait pas courir.

Anita. — Ce ne sont pas les jambes qui lui manquent pourtant.

De Pontmartin, *essoufflé*. — Ah!... mesdemoiselles, grâce! je vous en prie... je vais me laisser tomber.

Nini. — Monsieur, balancez-moi, ze vous prie; ze serai bien contente.

De Pontmartin, *à part*. — La petite effrontée!

Toutes. — Balancez-moi! balancez-moi!

De Pontmartin. — Mais, mesdemoiselles, je ne sais pas... je vous le certifie... je n'ai jamais balancé personne. (*A part.*) Si Alfred Nettement me voyait!

Suzanne. — Alors, qu'il nous chante une chanson de Béranger.

Anita. — C'est cela! c'est cela!

Nini. — Et quelque çose de... là... d'un peu zoyeux.

De Pontmartin. — Par exemple!

Toutes, *criant*. — Une chanson de Béranger!

De Pontmartin. — Ma société m'attend, je vous le répète; il y a le receveur d'Avignon, avec un ami de ma famille; ils me cherchent. Nous devons dîner ce soir chez un parent de Castil-Blaze...

Nini, *sur l'air des lampions*. — La san-çon! La san-çon!

De Pontmartin. — Avec la meilleure volonté du monde, mesdemoiselles, cela m'est impossible. Ce... Béranger... comme vous l'appelez, m'est personnellement antipathique. Il n'appartient pas à la littérature réservée.

Marguerite. — Des fadeurs!

Anita. — Il faut qu'il chante.

Nini. — Il çantera.

De Pontmartin. — Non, mesdemoiselles; j'aime encore mieux vous balancer. (*Il les balance.*)

———

(*Un carrefour éclairé par l'œil sanglant d'un réverbère, que le vent secoue. Le clocher de la vieille collégiale dans le lointain. Nuages rapides et noirs. Trois hommes enveloppés dans des manteaux et guidés par un diable; ce sont Paul Féval, Marie Aycard et Pierre Zaccone.*)

Le Diable. — Silence !

Paul Féval, *inquiet*. — Qu'est-ce qu'il y a?

Le Diable. — Il n'y a rien ; mais il faut toujours craindre qu'il y ait quelque chose. Avançons.

Paul Féval. — C'est bête de nous faire des peurs comme cela.

Marie Aycard. — Mon épée se fourre à chaque pas entre mes jambes. Pourquoi m'a-t-on donné une épée?

Le Diable. — Tu le sauras plus tard.

Pierre Zaccone. — Mon plumet m'entre dans l'œil. A quoi bon ce plumet?

Le Diable. — C'est un mystère.

Paul Féval. — Je ne suis pas tranquille dans mon manteau.

Marie Aycard. — Ni moi.

Le Diable. — Chut ! (*Il se penche vers la terre.*)

Tous, *effrayés*. — Hein?

Le Diable. — N'entendez-vous rien du côté de la place Saint-Wulfran?

Paul Féval. — Non.

Le Diable. — Et du côté du faubourg des Trois-Epées ?

Pierre Zaccone. — Pas davantage.

Le Diable. — C'est qu'ils attendent le signal.

Marie Aycard. — Quel signal? (*Il tremble de tous ses membres.*)

Le Diable. — Le cri de l'orfraie répété trois fois. Quel est celui de vous qui sait le mieux imiter l'orfraie ?

Pierre Zaccone. — Moi !

Le Diable. — Eh bien ! commence, alors.

Pierre Zaccone. — Houâh ! houâh ! houâh !

Marie Aycard. — Il imite très-bien. (*Des hommes noirs sortent de diverses encoignures ; ce sont Elie Berthet, Ponson du Terrail et de Gondrecourt.*)

Paul Féval. — Nous sommes trahis !

Marie Aycard. — Des inconnus !

Le Diable. — Non ; des confrères. Demandez-leur le mot de passe.

Paul Féval, *à Elie Berthet*. — *Armagnac et Concierge ?*

Elie Berthet. — *Croix-Rouge et Cordon s'il vous plaît.*

Pierre Zaccone. — Ce sont des nôtres.

De Gondrecourt. — Pourquoi nous avoir réunis dans ce lieu d'horreur et de ténèbres ?

Ponson du Terrail. — Oui ; pourquoi ? (*A part.*) Crac ! une ligne !

Elie Berthet. — S'agit-il encore de quelque œuvre infernale et souterraine ?

Paul Féval. — La sueur se fige sur mon front.

Pierre Zaccone, *rêveur*. — Mon plumet est un mystère ! a-t-il dit.

De Gondrecourt. — Expliquez-vous ; voyez, nous sommes calmes.

Le Diable. — Vous n'êtes pas en nombre. (*Il prend à sa ceinture un cor duquel il tire un son dolent et prolongé.*)

Marie Aycard. — Qui peut-on attendre à cette heure de la nuit ?

Ponson du Terrail. — Il me semble avoir entendu comme un gémissement répondre à l'appel du cor.

Elie Berthet. — Non ; c'est la girouette armoriée qui grince au faîte de la vieille tour.

Paul Féval. — Attendez ! je distingue des ombres mouvantes. (*Deux hommes semblent surgir de terre ; ce sont G. de Landelle et X. de Montépin.*)

Le Diable, *allant à eux*. — Le mot d'ordre ?

G. de La Landelle. — *Ecoutille et Misaine.*

X. de Montépin. — *Pas de crème !*

Le Diable. — C'est bien. A présent, vous allez savoir pourquoi je vous ai rassemblés.

Ponson du Terrail. — Ecoutons. (*A part.*) Crac ! deux lignes !

Le Diable, *à Paul Féval*. — Toi, tu vas escalader cette muraille de trente pieds de haut.

Paul Féval. — Moi ? jamais de la vie ! Et comment ?

Le Diable. — En t'aidant des pieds et des mains ; n'as-tu pas dit, dans *le Jeu de la Mort*, que c'était la moindre des choses ?

Paul Féval. — Dans *le Jeu de la Mort*, oui ; mais...

Le Diable. — Assez. (*A Marie Aycard.*) Tu arrêteras des chevaux emportés sur le bord d'un abîme.

Marie Aycard. — Arrêter des chevaux, moi, une faible femme... je veux dire un faible romancier.

Le Diable. — Tous tes héros n'en font pas d'autres. (*A Pierre Zaccone.*) Quant à toi, tu vas jeter ton gant au visage d'Elie Berthet, et te battre avec lui sous ce réverbère.

Pierre Zaccone. — Me battre avec Berthet !

Elie Berthet. — Me battre avec Zaccone !

Le Diable. — Sans merci ni trêve.

Pierre Zaccone. — Voilà donc le mystère de mon plumet éclairci.

Elie Berthet. — Je ne pourrai jamais.

Le Diable. — Rappelle-toi *la Croix de l'Affût*. En garde, messires ! (*A X. de Montépin.*) Voilà une hôtellerie pour toi ; tu vas y entrer et trouver les plus belles filles de la création et de la rue Lamartine ; tu y feras ripaille pendant quarante-huit heures, sans t'arrêter, comme tes viveurs et tes viveuses. Entends-tu ?

X. de Montépin. — Pendant quarante-huit heures ?

Le Diable. — N'est-ce pas assez ?

X. de Montépin. — Mais je serai mort, après !

Le Diable. — Baste ! (*A Ponson du Terrail, en lui frappant sur l'épaule.*) Tu es un jeune et brave gentilhomme, toi.

Ponson du Terrail. — Un jeune et brave gentilhomme en effet. (*A part.*) Crac ! trois lignes !

Le Diable. — Regarde là-haut. Il y a une femme à cette petite fenêtre où veille une lueur tremblottante.

Son tuteur est absent; sa duègne est endormie. Tu vas l'enlever.

Ponson du Terrail. — Qui est-elle? (A part.) Crac! quatre lignes!

Le Diable. — Elle a nom Clémence Robert.

Ponson du Terrail. — Mais permettez, permettez... (A part.) Crac! cinq lignes! crac! six lignes!

Le Diable. — Ne vas-tu pas te faire prier? Pendant ce temps-là, Gondrecourt assassinera un vieillard, et La Landelle se jettera à la nage pour sauver la victime.

De Gondrecourt. — Mais non!

La Landelle. — Mais non! je ne sais pas nager! il n'y a que mes romans qui vont sur l'eau.

Le Diable. — Obéissez.

(Tableau. *Les groupes se forment. Paul Féval essaye sans succès de gravir un mur. Marie Aycard tâche d'arrêter les chevaux d'une berline emportée; il finit par prendre le numéro du postillon pour le faire mettre à l'amende. Pierre Zaccone et Elie Berthet ferraillent au coin de la borne. X. de Montépin se montre, pâle, à la fenêtre de l'hôtellerie, une bouteille à la main. Clémence Robert pousse des cris horribles en repoussant Ponson du Terrail. Le vieillard oppose au poignard de Gondrecourt une vigoureuse résistance, et il le tombe. La Landelle se noie.*)

LA SEMAINE

D'UN

JEUNE HOMME PAUVRE

PERSONNAGES

MM. LE JEUNE HOMME PAUVRE, millionnaire et homme de lettres.
HENRI DELAAGE, compère.
PAUL D'IVOI, noble chroniqueur.
HENRI D'AUDIGIER, id.
JULES DE PRÉMARAY, id.
A. DE LA FIZELIÈRE, id.
EDOUARD FOURNIER, chroniqueur roturier.
JULES LECOMTE, id.
UN COCHER DE FIACRE.
ROGER, amant de *Fanny*.
LUI, mari de *Fanny*.
BONAVENTURE SOULAS, homme d'armes.
AUSSANDON, docteur-médecin.
Mme FANNY, héroïne de roman.

Auteurs et artistes ; flots de populaire.

(*La scène se passe à Paris.*)

LA SEMAINE

D'UN

JEUNE HOMME PAUVRE

OU

LES SEPT CHRONIQUEURS DEVANT PARIS

—

(*L'avenue des Champs-Elysées. Le jeune homme pauvre dans un fiacre qui roule à l'heure. Il est midi.*)

PROLOGUE

LE JEUNE HOMME PAUVRE, LE COCHER, *puis* UN INCONNU

Le Jeune Homme pauvre, *passant la tête par la portière*. — Cocher, plus doucement! plus doucement!

Le Cocher, *à part*. — Voilà un particulier qui est le contraire de tous les autres.

Le Jeune Homme pauvre. — O mon Dieu! quelles secousses! quels cahots! Cela rappelle l'épouvantable vitesse des chemins de fer. — Plus doucement, cocher.

Le Cocher. — Oui, bourgeois. (A part.) Ah çà ! comment veut-il donc que j'aille ? mes chevaux dorment en marchant.

Le Jeune Homme pauvre. — Si Marguerite avait pu se douter seulement du quart des dangers qu'on court dans cette Babylone, elle ne m'aurait certes pas laissé partir. Mais mes instincts artistiques ont été les plus forts. J'ai voulu revoir Paris, non pour moi, qui n'en ai jamais été épris bien follement, mais pour rapporter à ma femme, qui est un esprit romanesque, des nouvelles de cette année. — Mais, cocher, on ne va pas d'un train pareil, vous fendez l'air, vous dévorez l'espace !

Le Cocher, *stupéfait*. — Par exemple !

Le Jeune Homme pauvre. — D'abord, j'avais craint que ce voyage ne me coûtât beaucoup d'argent, car personne ne m'ôtera de la tête que je suis pauvre, très-pauvre, quoi qu'en aient dit certains feuilletonistes. Ensuite, les dépenses que j'aurai à faire tôt ou tard pour la construction de la cathédrale de mademoiselle de Porhoët ne laissent pas que de me commander l'économie. Heureusement, je me suis avisé d'un stratagème qui...

Le Cocher. — Gare ! gare !

Le Jeune Homme pauvre. — Qu'est-ce que c'est ? les chevaux qui prennent le mors aux dents ? quand je vous le disais !

Le Cocher. — Ah bien oui ! il n'y a pas de danger... c'est un piéton qui vient se planter au beau milieu du chemin, comme si les Champs-Elysées n'étaient pas assez larges. — Gare donc, espèce d'enflé!

Le Jeune Homme pauvre. — Il est peut-être sourd. Arrêtez, au nom du genre humain!

Le Cocher. — Allons, bon! voilà qu'il se jette de lui-même contre le timon.

Le Jeune Homme pauvre. — O ciel! descendons; il est peut-être dangereusement blessé. (*Il met pied à terre.*)

Le Cocher. — Il ne l'aura pas volé, en tout cas. (*Tous les deux s'empressent autour d'un inconnu renversé sur la route.*)

Le Jeune Homme pauvre. — Monsieur!... Il est évanoui... Asseyons-le dans la voiture, pour éviter les rassemblements... Il est fort bien couvert, ma foi, et l'intelligence siége sur son visage. (*On asseoit l'inconnu dans le fiacre.*)

L'Inconnu. — Aïe! aïe!

Le Jeune Homme pauvre. — Souffrez-vous beaucoup, monsieur?

L'Inconnu. — Au contraire. (*Il referme les yeux.*)

Le Jeune Homme pauvre. — Cherchons sa blessure... Ce n'est rien... J'ai toujours sur moi de la charpie et des bandelettes... Improvisons un appareil... Là, voilà qui est fait... Il revient à lui. — Maintenant, cocher, au pas, au pas.

Le Cocher, *grommelant*. — Des manières!

Le Jeune Homme pauvre, *à l'inconnu*. — Eh bien! monsieur, vous sentez-vous un peu mieux?

L'Inconnu. — Où suis-je?

Le Jeune Homme pauvre. — Dans un char numéroté.

L'Inconnu, *se jetant sur une de ses mains*. — Ah ! merci, monsieur, merci !

Le Jeune Homme pauvre. — Prenez garde ; pas de mouvements trop brusques.

L'Inconnu. — Tant de bonheur... à moi !... Oui, voilà bien le fiacre de *Dalila*.

Le Jeune Homme pauvre. — Est-ce que vous me connaîtriez, par hasard, monsieur ?

L'Inconnu. — Si je vous connais !... d'abord, qui est-ce que je ne connais pas ?

Le Jeune Homme pauvre. — Votre nom, je vous prie ?

L'Inconnu. — Je suis Henri Delaage.

Le Jeune Homme pauvre. — Monsieur Henri Delaage, mon plaisir est vif de faire la connaissance d'un savant et d'un philosophe tel que vous.

Henri Delaage. — O grand homme ! ô grand jeune homme pauvre ! vous êtes l'individualité la plus saisissante de ce temps-ci !

Le Jeune Homme. — Ne gesticulez point ; vous allez rouvrir votre blessure en dérangeant votre appareil.

Henri Delaage. — Bah ! je me moque de ma blessure, à présent.

Le Jeune Homme pauvre. — Comment vous êtes-vous exposé à recevoir ce timon en pleine poitrine ?

Henri Delaage. — Je l'ai fait exprès.

Le Jeune Homme pauvre. — Exprès ?

Henri Delaage. — Pardonnez à mon enthousiasme et à ma curiosité. J'étais instruit de votre voyage à

Paris ; je savais l'heure de votre arrivée, le chemin que vous deviez prendre. Je voulais vous voir à tout prix, et surtout avant tout le monde. Alors, je me suis rappelé un moyen employé déjà par le père Dumas, dans *Antony*.

Le Jeune Homme pauvre. — Je sais... au premier acte. Continuez.

Henri Delaage. — Vos chevaux ne s'emportaient pas : c'est égal, j'ai voulu les arrêter. Vous gardiez le plus profond silence : n'importe ! j'ai feint d'entendre vos cris. Je me suis précipité, la tête perdue... vous savez le reste.

Le Jeune Homme pauvre, *après un instant de silence commandé par la situation.* — Monsieur Delaage, j'apprécie, croyez-le bien, tout ce que votre sympathie a de flatteur pour moi. Néanmoins, ne soyez point surpris si je cherche à pénétrer le motif de cette détermination romanesque de votre part.

Henri Delaage. — Ne comprenez-vous pas qu'il est impossible que vous puissiez avoir un autre cicerone que moi dans Paris ? Je suis votre introducteur-né auprès des salons, des théâtres, des journaux...

Le Jeune Homme pauvre, *refroidi, à part.* — Hum ! aurait-il appris que j'ai fait un héritage considérable, contresigné : « *Yo, el Rey,* » et voudrait-il exploiter ma crédulité provinciale ? Qui m'affirme que c'est le vrai Henri Delaage, le seul mystique patenté ?

Henri Delaage. — Dites que vous m'excusez.

Le Jeune Homme pauvre, *remontant sa cravate.* — Cher monsieur, je voudrais pouvoir profiter de vos bonnes offres de service, mais elles se trouvent malheureusement mises à néant par les précautions que j'ai cru devoir prendre en quittant ma province. Figurez-vous que, n'ayant que sept jours à passer dans la capitale, j'ai scrupuleusement disposé à l'avance de ces sept jours en faveur des sept chroniqueurs des sept journaux les plus accrédités, pour lesquels je me suis fait donner sept lettres de recommandation...

Henri Delaage. — Par les sept notables de votre arrondissement. Je comprends. Mais êtes-vous bien certain de rencontrer chez vos sept chroniqueurs l'empressement et la cordialité dont j'ai eu du moins l'initiative auprès de vous?

Le Jeune Homme pauvre. — Je l'espère.

Henri Delaage. — Et moi, j'en doute. Ah! vous me regretterez, monsieur de Champcey d'Hauterive; vous m'évoquerez dans quelques jours... mais il ne sera plus temps.

Le Jeune Homme pauvre, *à part, ébranlé.* — Si c'était pourtant le vrai Delaage? Si ma défiance naturelle m'avait trompé?

Henri Delaage, *à part.* — Si ce n'était pas là le vrai jeune homme pauvre? Si ma perspicacité habituelle m'avait fait défaut?... Nous allons bien voir.

Le Jeune Homme pauvre. — Monsieur, me voici arrivé à mon domicile... l'*Hôtel du bon La Fontaine*... Où voulez-vous que je vous fasse reconduire?

Henri Delaage. — Nulle part, monsieur. (*Il déchire son appareil.*)

Le Jeune Homme pauvre. — Malheureux! que faites-vous?

Henri Delaage. — Ah!... ah!... Vous ne me renverrez pas, maintenant. (*Il s'évanouit de rechef.*)

PREMIER TABLEAU

(*Chez M. Paul d'Ivoi, une table ronde couverte de journaux* : le Messager, l'Indépendance belge, *etc.*)

LE JEUNE HOMME PAUVRE, PAUL D'IVOI

Le Jeune Homme pauvre. — Monsieur Paul d'Ivoi? s'il vous plaît.

Paul d'Ivoi. — C'est moi. Je suis occupé.

Le Jeune Homme pauvre. — Ah!

Paul d'Ivoi. — M'apportez-vous quelque anecdote, quelque fait curieux?

Le Jeune Homme pauvre. — Je suis porteur d'une lettre...

Paul d'Ivoi. — Donnez toujours; je vais l'envoyer à l'imprimerie; cela fera ventre; elle paraîtra ce soir. (*Il prend la lettre et écrit dessus* : Bon à insérer.)

Le Jeune Homme pauvre. — Vous ne la lisez pas?

Paul d'Ivoi. — Pourquoi? Une lettre, c'est toujours intéressant. J'insère toutes les lettres.

Le Jeune Homme pauvre. — Mais c'est que celle-ci n'est peut-être pas de nature...

Paul d'Ivoi. — Laissez donc; plus une lettre est intime, plus elle a de succès. D'ailleurs, je n'ai pas le temps d'en prendre connaissance.

Le Jeune Homme pauvre. — Elle vous aurait appris le but de ma visite.

Paul d'Ivoi. — Eh bien! je l'apprendrai demain par la voie de ma chronique. Un peu plus tôt, un peu plus tard! A revoir, monsieur.

Le Jeune Homme pauvre, *déconcerté*. — A revoir, monsieur. (*Sur le palier. A part.*) Voilà un début qui n'est pas encourageant! Espérons que tous les chroniqueurs ne sont pas aussi occupés que celui-ci. Après cela, peut-être ne me présenté-je pas avec assez d'assurance. Déployons des allures sémillantes et faisons-nous précéder par des ritournelles à la mode.

DEUXIÈME TABLEAU

(*Chez M. Henri d'Audigier. Les œuvres de Bouilly, du chanoine Schmidt et de miss Edgeworth tapissent les murs.*)

HENRI D'AUDIGIER, LE JEUNE HOMME PAUVRE

Henri d'Audigier, *seul, consultant la collection des Anas de Cousin d'Avalon*. — Ce bon mot du Directoire produira un excellent effet... ajoutons-y cette saillie de la première Restauration. Mais j'entends du bruit : cachons nos auteurs !

Une Bonne. — Monsieur Henri, il y a là quelqu'un qui voudrait vous parler ; voici sa carte.

Henri d'Audigier, *lisant*. — « Le jeune homme pauvre. » Oh! fais entrer, fais entrer tout de suite!

Le Jeune Homme pauvre. — Monsieur j'ai bien l'honneur...

Air : *Bonjour, mon ami Vincent.*

Bonjour, monsieur d'Audigier ;
La santé, comment va-t-elle ?
Je viens de Rive-de-Gier
Pour vous la souhaiter belle.

HENRI D'AUDIGIER.

Ah ! vraiment, monsieur, vous êtes bien bon ;
Asseyez-vous donc et couvrez-vous donc.
N'avez-vous point froid ? faut-il que j'appelle ?
Les pieds, en hiver, sont vite transis.
Restez donc couvert, restez donc assis.
Puis-je vous offrir un peu de cassis ?

Le Jeune Homme pauvre. — C'est ainsi que je m'attendais à vous trouver, monsieur. Vous ne démentez point l'excellente idée que notre département s'est faite de vous : jeune, bon et pratique.

Henri d'Audigier, *modestement*. — Mes efforts sont appréciés de M. Delamarre.

Le Jeune Homme pauvre. — Ah çà ! vous êtes donc noble, vous aussi ?

Henri d'Audigier. — Cette question... Mais certainement, monsieur, nous sommes tous nobles.

Le Jeune Homme pauvre. — Alors nous pourrons mieux nous entendre. Je raffole d'ailleurs de votre manière d'écrire ; et je lisais encore, l'autre jour, un article de vous, dans lequel vous disiez que c'étaient les bons hommes de pain d'épice, à un sou les deux, qui avaient été en partie la cause de notre effroyable révolution de 1793.

Henri d'Audigier. — Et je le prouvais !

Le Jeune Homme pauvre. — Je l'ai bien vu. Mais racontez-moi, je vous prie, les événements remarquables de cette année.

Henri d'Audigier. — Il n'y a pas d'événements remarquables pour moi ; il n'y a que des historiettes.

Le Jeune Homme pauvre. — Eh bien ! troussez-moi une petite historiette.

Henri d'Audigier. — Comme cela? sans préparation? Oh ! monsieur, il me faut le recueillement le plus complet. Je ne suis pas un improvisateur, moi, comme votre monsieur Méry.

Le Jeune Homme pauvre. — Où les prenez-vous donc, vos historiettes?

Henri d'Audigier. — A vous, je veux bien le dire : je les choisis d'habitude dans les livres qui m'ont été donnés à la pension, aux distributions de prix. Voyez-les sur cette tablette, rouges, verts, blancs, tout dorés : *le Petit Navigateur*, les *Contes de mon Bisaïeul*, les *Enfants perdus dans les Bois*, *Niniche et Toto*... On ne s'imagine pas quelles ressources il y a dedans.

Le Jeune Homme pauvre. — Mais l'actualité ! l'actualité !

Henri d'Audigier. — Ah ! ce n'est pas ma partie ; chacun de nous a ses attributions exclusives dans la chronique ; moi, je ne suis que pour les historiettes ; j'ai le monopole des étoiles et des initiales, rien de plus.

Le Jeune Homme pauvre. — Alors, monsieur, je suis fâché de vous avoir dérangé. (*Il se lève.*)

Henri d'Audigier. — Oh! monsieur, vous ne m'avez pas dérangé; on ne me dérange jamais, moi. J'allais prendre mon café au lait. Voulez-vous partager, sans façon?

Le Jeune Homme pauvre. — Dispensez-moi, monsieur Henri d'Audigier; je suis néanmoins enchanté de vous avoir vu.

Henri d'Audigier. — Vous êtes trop bon. Laissez-moi vous reconduire. (*Lutte de politesse sur le seuil.*)

Le Jeune Homme pauvre, *seul, dans l'escalier*. — Il est excessivement poli, ce jeune littérateur, mais il est médiocrement informé. Si cela continue ainsi, je n'apprendrai pas grand'chose. — Henri Delaage avait-il donc raison?

TROISIÈME TABLEAU

SCÈNE PREMIÈRE

(*Chez M. Edouard Fournier. Des livres, rien que des livres; des livres jusqu'au plafond; des livres sur le plancher. Un pupitre surchargé de livres. On sonne. Rien ne bouge.*)

Le Jeune Homme pauvre, *entrant, un cordon de sonnette à la main*. — Monsieur, je vous demande mille fois pardon; mais on m'a affirmé que vous étiez chez vous, et... Personne. C'est étrange : il me semble pourtant entendre comme le bruit d'une plume sur le papier. Après cela, on m'a dit que ce monsieur Edouard Fournier était si petit, si petit, qu'il n'y a peut-être rien d'extraordinaire à ce que je ne l'aperçoive pas du premier coup d'œil. Cherchons bien. Hum... Brrrm ! (*Il s'avance près du pupitre et dérange un exemplaire du* Dictionnaire des Contemporains, *de M. Vapereau.*)

Une voix. — Il y a du monde !

Le Jeune Homme pauvre. — C'est lui. (*Un échafaudage de volumes s'écroule et laisse voir la tête de M. Edouard Fournier, écrivant.*) Monsieur, si je suis indiscret, je me retire.

Edouard Fournier. — Non, demeurez. Je vous avais vu entrer, mais comme je prenais une note au même instant, je n'ai pas eu le loisir de vous répondre. Asseyez-vous, je vous prie.

Le Jeune Homme pauvre, *cherchant des yeux un siége*. — Mais je ne vois rien où...

Edouard Fournier. — Là, sur les *Douze Années de Journalisme* de M. Emile de Girardin.

Le Jeune Homme pauvre. — Je vous remercie.

Edouard Fournier. — Ainsi, monsieur, vous venez chez moi pour savoir du neuf, comme on dit vulgairement.

Le Jeune Homme pauvre. — Je l'avoue.

Edouard Fournier. — Ou, à défaut, du vieux-neuf.

Le Jeune Homme pauvre. — Du vieux-neuf, soit.

Edouard Fournier. — Car, pour du nouveau absolu, il n'y en a plus. Nous ne vivons pas, nous revivons ; nous ne bâtissons pas, nous rebâtissons ; nous n'imprimons pas, nous réimprimons ; nous...

Le Jeune Homme pauvre. — Oui ; et ainsi de suite.

Edouard Fournier. — Vous lirez de moi demain des renseignements complétement inédits sur la rue Grenier-sur-l'eau. C'était un fief de Lothaire, qui...

Le Jeune Homme pauvre. — La rue Grenier-sur-l'eau?

Edouard Fournier. — Vous ne la connaissez pas, vous ne pouvez pas la connaître, il n'y a que moi qui la connais. Figurez-vous un égout, un cloaque, quelque chose de hideux et d'inutile. Une vraie perle pour un historien.

Le Jeune Homme pauvre. — Pouah!

Edouard Fournier. — J'ai passé sept ans à m'enquérir des habitants du n° 1 ; aujourd'hui il m'est parfaitement démontré qu'il n'y en a jamais eu.

Le Jeune Homme pauvre. — Voilà un beau résultat.

Edouard Fournier. — Vous croyez railler, mais, par Branthôme, c'est une découverte inestimable pour un archéologue!

Le Jeune Homme pauvre. — Je vous croyais un chroniqueur?

Edouard Fournier. — Je le suis en effet; je suis tout ce qu'on veut et tout ce qu'il est possible d'être. Voulez-vous que j'ôte ma casaque de bibliophile? vous allez voir le critique de théâtre et même le *parolier* d'opéra-comique. Sachant tout et ayant lu tout, je puis parler de tout. Commandez, faites-vous servir!

Le Jeune Homme pauvre. — Eh bien! parlez-moi des livres qui ont le plus de vogue cette année ; de cette façon, nous ne quitterons pas votre élément favori.

Edouard Fournier. — Comment désirez-vous que je vous en parle, en prose ou en vers?

Le Jeune Homme pauvre. — Je n'ai pas de préférence.

Edouard Fournier. — Nous avons eu ce printemps, (retenez bien la date), *le Roi Voltaire*, par M. Arsène Houssaye.

Le Jeune Homme pauvre. — *Le Roi Voltaire?* un excellent titre.

Edouard Fournier. — C'est ce que tout le monde a dit.

Air : *Pour la baronne.*

Le roi Voltaire
Etait jadis un petit vieux,
En marbre, assis près du parterre,
Comme un contrôleur envieux,
Le roi Voltaire.

Le roi Voltaire,
De par Houssaye, est plus joli :
On dirait presque un mousquetaire ;
De roses il est embelli,
Le roi Voltaire!

Le Jeune Homme pauvre. — Je me procurerai cet ouvrage, et, s'il est orthodoxe, j'en permettrai la lecture à Marguerite. Après?

Edouard Fournier. — Nous avons eu : *Un An de Révolution*, par lord Normanby.

Le Jeune Homme pauvre. — Heu! heu! les révolutions ne sont pas mon fort.

Edouard Fournier. — Lord Normanby est un personnage très-distingué.

Le Jeune Homme pauvre. — Est-ce celui de la chanson?

Edouard Fournier. — Quelle chanson? On a fait une chanson sur lui, et je l'ignorais...

Le Jeune Homme pauvre. — Vous savez bien:

> *Je vais revoir lord Normanby!*
> *Quand l'hirondelle est de retour,*
> *Quand la nature est reverdie...*

Edouard Fournier. — Et vous vous faites passer pour un provincial, malin?

Le Jeune Homme pauvre. — Je ne le ferai plus. Voyons la suite de votre catalogue.

Edouard Fournier. — *Les Mauvais Ménages*, par Louis Jourdan, un succès domestique.

Le Jeune Homme pauvre. — Hum! *les Mauvais Ménages*... il y a peut-être une idée de proverbe là-dedans. Il faudra que je lise cela. Est-ce tout?

Edouard Fournier. — Ecoutez donc, on ne les remue pas à la pelle, les bons livres. Mais j'entends un de mes confrères, qui aidera ma mémoire.

SCÈNE II

LES MÊMES, M. JULES DE PRÉMARAY

Jules de Prémaray. — Bonjour. (*Il assujettit son pince-nez et toise le jeune homme pauvre avec sa bienveillance du lundi.*)

Edouard Fournier. — Mon cher collègue, je vous présente monsieur Maxime Odiot, marquis de Champcey d'Hauterive. (*Bas au jeune homme pauvre*) : C'est Jules de Prémaray, c'est l'auteur des *Cœurs d'or*.

Le Jeune Homme pauvre. — Encore un noble?

Edouard Fournier, *à Jules de Prémaray*. — Monsieur le marquis me demandait à l'instant quelques renseignements sur les nouveautés littéraires.

Jules de Prémaray. — Eh bien ! renvoyez-le à *l'Amour* de Michelet.

Edouard Fournier. — C'est vrai; mais vous-même, mon cher collègue, qui avez été une des célébrités du flon-flon, pourquoi ne diriez-vous pas à M. d'Hauterive votre sentiment sur *l'Amour* en un petit couplet de votre façon?

Jules de Prémaray. — Volontiers. Donnez-moi l'accord.

Air : *C'est l'amour.*

C'est l'Amour, l'Amour, l'Amour,
Que l'on achète
Chez Hachette ;
Flûte et tambour
Sonnez pour
Michelet et l'Amour !

Que lisent, sans être lancées
Par leurs maris, par leurs amants,
Les femmes, « divines blessées, »
Dont il peint si bien les tourments ?
Que dévore Hermangarde
Dans son riche boudoir ?

Qu'emporte en sa mansarde
Lisette chaque soir ?

C'est l'Amour, l'Amour, l'Amour, etc.

Qui sait, professeur de caresses,
Tendre à Ninon un bras poli,
Et sur ses galantes faiblesses
Passer l'éponge de l'oubli ?
Qui sait, charmant les heures,
Nommer les laiderons
Beautés intérieures
Et pâles liserons ?

C'est l'Amour, l'Amour, l'Amour, etc.

Cherchant aux lacs les demoiselles,
Aux jardins les oiseaux moqueurs,
Il s'écriait jadis : Des ailes !
Il s'écrie aujourd'hui : Des cœurs !
OEil troublé, plume nette,
Il met au même sac
George Sand et Venette,
Boufflers avec Balzac.

C'est l'Amour, l'Amour, l'Amour,
Que l'on achète
Chez Hachette ;
Flûte et tambour
Sonnez pour
Michelet et l'Amour.

Le Jeune Homme pauvre. — Allons, je ferai comme tout le monde : j'achèterai *l'Amour*... pour ma belle-mère.

Jules de Prémaray. — Bravo !

Le Jeune Homme pauvre. — Messieurs, je ne veux pas être plus longtemps importun. Je vous quitte, pénétré de reconnaissance. (*Dans la rue, à part*) : Rendons-nous chez M. Albert de la Fizelière. Je suis en veine. Il me tarde que cet imposteur d'Henri Delaage soit remis de sa blessure, pour le faire flanquer à la porte de l'*Hôtel du bon La Fontaine*, où il s'est installé malgré moi. (*Il marche en fredonnant : C'est l'Amour, l'Amour, l'Amour....*)

QUATRIÈME TABLEAU

(*Le théâtre représente un grand café plein de fumée. On entend des cris. Les garçons causent et rient avec les consommateurs. Seul, le maître de l'établissement est sinistre. Pourquoi donc ?*)

LE JEUNE HOMME PAUVRE, ALBERT DE LA FIZELIÈRE

LE JEUNE HOMME PAUVRE. — Où m'avez-vous conduit ?

ALBERT DE LA FIZELIÈRE. — N'ayez pas peur, c'est un endroit très-bien fréquenté.

LE JEUNE HOMME PAUVRE. — Jésus ! quel bruit ! quel tapage !

ALBERT DE LA FIZELIÈRE. — C'est ici qu'une certaine portion de la jeunesse intelligente se rassemble tous les soirs, après les travaux de la journée ou avant ceux de la nuit.

LE JEUNE HOMME PAUVRE. — L'horrible odeur de tabac et de bière !

ALBERT DE LA FIZELIÈRE. — Approchons-nous de ce groupe, composé des principaux rédacteurs d'un petit journal. (*Ils s'asseoient à une table.*) Qu'est-ce que nous prendrons, pour ne pas avoir l'air de deux mouchards?

Le Jeune Homme pauvre. — De la limonade.

Albert de la Fizelière. — De la limonade, soit. Tenez, voici l'entretien qui s'anime parmi les petits journalistes.

Premier Ecrivain, *déposant sur la table deux pistolets d'arçon.* — Causons littérature.

Deuxième Ecrivain, *débouclant un sabre de cavalerie.* — Causons littérature.

Troisième Ecrivain, *une espingole sur l'épaule.* — Causons littérature.

Quatrième Ecrivain, *tirant de sa ceinture une hache d'abordage.* — Causons littérature.

Cinquième Ecrivain, *brandissant un tomahaw.* — Causons littérature.

Tous, *avec des grincements de dents.* — Causons littérature !

Le Jeune Homme pauvre. — Sortons d'ici, monsieur, je vous en conjure. — O mon rocher de Saint-Malo !

Albert de la Fizelière. — Rassurez-vous, ce sont d'honnêtes garçons, je vous l'affirme.

Le Jeune Homme pauvre. — Comment sont donc les autres, alors?

Albert de la Fizelière. — Ecoutez-les un instant, et vous verrez que rien n'est plus bénin que leur conversation.

Premier Ecrivain. — Victor Hugo est un croquant.

Deuxième Ecrivain. — Lamartine n'a jamais su faire un vers de sa vie.

Troisième Ecrivain. — Musset? Qui ça, Musset? Est-ce qu'on lit encore Musset?

Quatrième Ecrivain. — Et la femme Sand, donc? A bas la femme Sand!

Cinquième Ecrivain — A bas Dumas?

Le Jeune Homme pauvre. — Encore une fois, partons, monsieur; je n'en veux pas entendre davantage.

Albert de la Fizelière. — Ce n'est rien; il faut faire la part de l'hyperbole.

Le Jeune Homme pauvre. — Je vous trouve charmant avec votre hyperbole; ne voyez-vous pas qu'ils finiront par m'appeler assassin ou cul-de-jatte !

Albert de la Fizelière. — Non. Voici la contre-partie de leur critique.....

Premier Ecrivain. — L'article de Sauveur-Galéas n'est vraiment pas mal, ce matin.

Deuxième Ecrivain. — Je suis avec un violent intérêt le roman de Joliet; c'est très-fort.

Troisième Ecrivain. — Très-fort!

Quatrième Ecrivain. — Et que dites-vous particulièrement de Pesquidoux?

Cinquième Ecrivain. — L'avenir est à Pesquidoux.

Albert de la Fizelière. — Vous voyez qu'ils ne sont pas aussi méchants qu'ils en ont l'air.

Le Jeune Homme pauvre. — Pour cela, passe; je n'ai point entendu parler de ce Pesquidoux; quant à Sauveur-Galéas, j'ai certainement ouï ce nom dans *Lazare le Pâtre*. — Mais dites-moi, ils ne sont pas tous jeunes, vos petits journalistes; j'en vois deux ou trois dont la tête commence à s'argenter, comme celle de ma respectable amie, mademoiselle de Porhoët-Gaël.

ALBERT DE LA FIZELIÈRE. — C'est vrai. Ce sont les fruits secs de la publicité. L'esprit, la verve, la malice, ne leur font point défaut cependant. Pourquoi ne sont-ils pas arrivés à une position meilleure? Interrogez-les et ils vous répondront eux-mêmes « qu'ils ont manqué le coche. » Voilà pourquoi ils sont condamnés à demeurer éternellement dans la foule des conscrits, des débutants, qui les saluent jusqu'à terre le premier soir et qui, au bout de six mois, leur piétinent sur le ventre.

LE JEUNE HOMME PAUVRE. — Allons-nous en.

ALBERT DE LA FIZELIÈRE. — Pas encore ; je veux vous dire la chanson désespérée que l'un d'eux improvisa l'autre soir, sur un rhythme joyeux et railleur, dans un de ces soupers dont le récit ferait dresser les cheveux de toute la population de votre département.

LE JEUNE HOMME PAUVRE. — Diable ! j'ai bien fait de ne pas amener ma femme.

ALBERT DE LA FIZELIÈRE. — En avant la musique !

La Chanson du Petit Journaliste.

AIR : *Turlurette, ma tante Urlurette.*

Eh bien ! soit ; une chanson !
La plus folle, rime et son !
La plus vieille, une goguette !
Turlurette,
Ma tante Urlurette !

LA SEMAINE

Dans les fureurs et les cris
De l'orchestre de Paris,
Tinte un timbre de clochette,
    Turlurette,
  Ma tante Urlurette !

C'est mon rire, il est partout :
Eclair ! grimace qui bout !
Vent qui passe et qui soufflète !
    Turlurette,
  Ma tante Urlurette !

Dieu d'un soir, roi d'un matin,
Dans le journal, au festin,
Ma renommée est complète ;
    Turlurette,
  Ma tante Urlurette !

Mon œil blesse et resplendit ;
Je suis gai, chacun le dit ;
J'ai besoin qu'on le répéte ;
    Turlurette,
  Ma tante Urlurette.

Mais, sur la table accoudé,
L'enfant, un soir attardé,
Trouva sa lyre muette ;
    Turlurette,
  Ma tante Urlurette !

Il n'est plus temps aujourd'hui !
Noble but, espoir enfui,
Il n'est rien qui vous rachète ;
    Turlurette,
  Ma tante Urlurette !

Sous la vigne, ardent pourpris,
Cachez bien mes cheveux gris...

> Mais nul ne s'en inquiète,
> Turlurette,
> Ma tante Urlurette ?
>
> Comédien près de finir,
> Je connais mon avenir.
> Allons, versez ! qu'on répète :
> Turlurette,
> Ma tante Urlurette !
>
> Je mourrai je ne sais où,
> Dans un coin, peut-être fou,
> Sans quelqu'un qui me regrette.
> Turlurette,
> Ma tante Urlurette !
>
> Point de frais pour qui part seul :
> Je ne veux d'autre linceul
> Qu'un vieux lambeau de gazette,
> Turlurette,
> Ma tante Urlurette !
>
> Pour les nuits de passions
> Des futurs Trimalcions,
> Parez de fleurs mon squelette,
> Turlurette,
> Ma tante Urlurette !

Le Jeune Homme pauvre. — Monsieur de la Fizelière, adieu ! adieu ! (*Il se lève.*)

Albert de la Fizelière. — Qu'est-ce qui vous prend donc ?

Le Jeune Homme pauvre. — Ces mœurs ne sont pas les miennes ; laissez-moi, ne me retenez pas ; je suis rempli d'épouvante.... adieu ! (*Il sort précipitamment.*)

Albert de la Fizelière. — Comment ! il s'enfuit sans achever sa limonade.

—

CINQUIÈME TABLEAU

(*Il est nuit sombre. De rares passants.*)

Le jeune homme pauvre, *seul; puis* Bonaventure Soulas

Le Jeune Homme pauvre. — Je me suis égaré... je tombe de lassitude... ô mon siècle ! quelle décadence ! quelle corruption ! le bon M. Laubépin me l'avait bien dit... Tâchons de nous orienter. (*On entend dans le lointain le chant de guerre de Bonaventure Soulas.*) Qu'est-ce encore que ceci ? Cachons-nous. (*Un gros de réalistes se répand sur la scène.*)

Bonaventure Soulas. — A moi, mes braves compagnons !

Air des *Huguenots*.

A bas les pions maudits,
L'Ecole normale !
Au feu leurs riches habits,
Fruits de leur cabale !
A bas Edmond About
Et Taine surtout !
Ces élèves, empoignons-les !
Pif ! paf !
Mordons-les !
Qu'ils pleurent !
Qu'ils meurent !
Mais grâce... jamais !

> Chassons jusques aux Débats,
>   Et sur les gouttières,
> Ces gens que guide aux combats
>   Monsieur de Suttières !
> Rentrez chez François Buloz,
>   Elèves de Droz !
> Ces copistes, poursuivons-les !
>   Pif ! paf !
>   Traquons-les !
>   Qu'ils pleurent !
>   Qu'ils meurent !
> Mais grâce... jamais !

Le Jeune Homme pauvre, *gémissant.* — Hélas !

(*Les réalistes s'éloignent, Bonaventure Soulas à leur tête. La musique se perd dans l'éloignement. Le jeune homme pauvre s'est affaissé jusqu'à terre. Le docteur Aussandon passe, s'arrête, le saigne et le ramène chez lui.*)

—

SIXIEME TABLEAU

(*Chez M. Jules Lecomte. Un cabinet particulièrement décoré de porcelaines et de faïences rares.*)

JULES LECOMTE, LE JEUNE HOMME PAUVRE

Jules Lecomte. — Entrez donc, monsieur le marquis.

Le Jeune Homme pauvre, *ébahi.* — Quel luxe !

Jules Lecomte, *souriant.* — Une allusion... Vous êtes homme de tact, et l'on ne saurait se mettre trop complétement à votre disposition. J'aime qui m'aime.

Le Jeune Homme pauvre. — Vous n'êtes donc pas aussi occupé que les autres, vous?

Jules Lecomte. — Je suis plus occupé, au contraire, mais je n'en fais rien voir. — Ah! ah! vous regardez ces deux émaux : ils me viennent de Rachel.

Le Jeune Homme pauvre. — Ils sont superbes. Et ce verre? quelle hardiesse dans la taille! quel fini!

Jules Lecomte. — C'est un cadeau du grand-duc de Toscane.

Le Jeune Homme pauvre. — En vérité?

Jules Lecomte. — J'ai beaucoup voyagé, monsieur le marquis, et, par conséquent, beaucoup rapporté. Mais j'oublie le but de votre visite; excusez-moi.

Le Jeune Homme pauvre. — Vous vous moquez, j'imagine.

Jules Lecomte. — Vous plaît-il que je vous entretienne d'un mariage qui a remué cet hiver toute la société de Florence et de Paris?

Le Jeune Homme pauvre. — Quel mariage, monsieur Lecomte?

Jules Lecomte. — Celui du jeune prince Calixte-Henri-Antoinette-Hector de Mérupian, allié aux plus grandes familles de l'Europe, et principalement avec les Médina-Cœli et les Basilikoff, par sa mère, une Sotomayor. Le prince Calixte de Mérupian, qui a les plus belles écuries et les plus magnifiques chevaux qui se puissent voir (une de ses propriétés dans la Corrèze est évaluée quatre millions), a épousé dans un des grands châteaux du Haddingtonshire, en Angleterre, une opulente héritière du nom de lady Jerviswood, dont le père était lord-lieutenant d'Irlande et le premier lord de l'Amirauté. Lady Jerviswood a aujourd'hui vingt-six ans; elle est blonde et d'une beauté merveilleuse; elle touche aux Courtenay et aux Clarendon...

Le Jeune Homme pauvre, *à part*. — A la bonne heure! voilà un chroniqueur, celui-là.

Jules Lecomte. — Tous ces noms me sont extrêmement familiers, monsieur le marquis. — A présent, pouvez-vous me dire, s'il vous plaît, quelle est la ville la plus légère du monde?

Le Jeune Homme pauvre. — La ville la plus légère? ma foi! non.

Jules Lecomte. — C'est la ville de Liége. Et la ville la plus vieille du monde?

Le Jeune Homme pauvre, *étonné*. — Qu'est-ce qu'il dit donc?

Jules Lecomte, — C'est la ville de Milan.

Le Jeune Homme pauvre, *à part*. — Je comprends : il a le calembourg à l'état de tic.

Jules Lecomte. — Le vieux comte de Galoupiau-Raynol, dont la mort fut environnée, il y a deux ans, de circonstances si mystérieuses, est redevenu cette semaine l'objet de toutes les conversations publiques, grâce à l'ouverture qui vient d'être faite de son testament, en vertu de ses prescriptions écrites. Ce testament, qui a révélé plusieurs legs très-curieux, entre autres celui d'une rente de douze mille francs à madame Thierret, l'excellente duègne du Palais-Royal, va, dit-on, être attaqué en nullité par les héritiers du comte Galoupiau-Raynol.

Le Jeune Homme pauvre. —Galoupiau... je n'ai pas mémoire de cette famille.

Jules Lecomte. — Cela ne fait rien. Je continue ma chronique. Savez-vous quel est le saint qui a le moins de moelle ?

Le Jeune Homme pauvre. — Le moins de moelle ? un saint ? je ne saisis pas.

Jules Lecomte. — C'est saint Ovide.

Le Jeune Homme pauvre, *à part*. — Laissons-le dire et feignons de n'avoir rien entendu. Voilà, en vérité, une infirmité fâcheuse !

Jules Lecomte. — Les journaux annonçaient dernièrement la mort de M. Darty, ancien receveur-général de Lyon et de Tarbes ; ils ajoutaient que son fils, accablé de douleur, ne lui avait survécu que trois semaines. Cette nouvelle a fait en peu de temps le tour du monde. En l'apprenant madame de L.... s'est écriée : — Combien de gens dont il n'a jamais été parlé, et qui ont cependant jeté plus de lumière que ce *feu Darty fils !*

Le Jeune Homme pauvre. — Hein ? quoi ?

Jules Lecomte. — *Feu d'artifice...*

Le Jeune Homme pauvre, *à part*. — Je ne m'en releverai pas. Adieu, monsieur Lecomte. (*Il se dirige vers la porte en chancelant.*)

Jules Lecomte. — Qu'avez-vous ? est-ce que vous vous trouveriez mal ?

Le Jeune Homme pauvre. — Rien... ce n'est rien... Adieu, monsieur.

Jules Lecomte. — Adieu, monsieur le marquis.

SEPTIEME TABLEAU

(L'hôtel du bon Lafontaine. Henri Delaage est étendu, pâle, dans un fauteuil.)

LE JEUNE HOMME PAUVRE, HENRI DELAAGE

Le Jeune Homme pauvre. — Ah ça ! allez-vous bientôt guérir, vous ? Cela m'ennuie de vous avoir auprès de moi. Voyons, je suis au bout de ma semaine, il faut vous en aller. Je retourne demain à mon château, et vous comprenez que je ne peux pas vous emmener avec moi. Levez-vous, voyons ; un peu de courage !

Henri Delaage. — Tu es au bout de ta semaine, dis-tu ? Eh bien ? qu'as-tu vu ? que sais-tu ?

Le Jeune Homme pauvre. — Je vous défends de me tutoyer ! Je ne veux pas être tutoyé ! Je n'ai jamais permis cette licence qu'à Marguerite et à Nadar ; — à Marguerite, parce que c'est ma femme, et à Nadar, parce que c'est Nadar....

Henri Delaage. — Quel butin rapportes-tu de tes sept lettres de recommandation ? T'a-t-on raconté au moins les principales pièces de l'année ? Quel poète t'a vanté le charme et les charmes de la jeune Emma Livry ? Quel dilettante a cueilli sur les lèvres de mademoiselle Lefèvre les mélodies des *Trois Nicolas*, pour te les rappeler ? Tu n'as rien vu, insensé, rien !

Le Jeune Homme pauvre. — Monsieur, ne me tutoyez pas !

Henri Delaage. — Si tu m'avais écouté, moi physiologiste et nécromant, je t'aurais tout montré, tout narré, et cela non pas en sept jours, mais en sept heures. J'aurais mis un jupon de gaze semé de paillettes, un maillot rose et des bottines de satin bleu à talon de cuivre. Je t'aurais guidé partout, avec une baguette d'or à la main, comme dans les vraies revues. Je t'aurais chanté des couplets bien autrement tournés que les misères que tu as entendues, des couplets de facture longs d'ici à Pontoise, sur l'air de *Renaudin de Caen* et des *Comédiens*.

Le Jeune Homme pauvre, *haussant les épaules*. — Vous êtes fou !

Henri Delaage. — Tu doutes de mon pouvoir ?

Le Jeune Homme pauvre. — Allons, levez-vous ; vous vous portez à merveille.

Henri Delaage. — Eh bien ! oui, je vais me lever ; oui, je vais partir, ingrat. Mais auparavant je veux que tu emportes de moi des regrets éternels ; tu vas avoir un échantillon de ma puissance occulte. Toi qui te vantes de connaître tout à présent, connais-tu seulement *Fanny* ?

Le Jeune Homme pauvre. — Quelle *Fanny* ?

Henri Delaage. — Je l'aurais parié : il ne connaît pas *Fanny,* par Ernest Feydeau. Ignare ! c'est le livre à la mode, le livre par excellence. Dix éditions ! — Eh bien ! tu n'auras pas besoin de l'acheter, grand ladre ; je vais t'économiser trois francs cinquante centimes et la préface de Jules Janin, en te transportant, par la force magnétique de ma volonté, sur le balcon de Fanny. — Attention !

Le Jeune Homme pauvre. — Qu'est-ce que vous faites donc? pas de bêtises !

Henri Delaage. — Tu vas voir. (*Il lui fait respirer l'Histoire des Sociétés secrètes, un volume in-18, chez Dentu. Le théâtre change.*)

HUITIÈME TABLEAU

(*Le balcon de Fanny. Une nuit d'août ; un rossignol dans un arbre ; des vers luisants comme s'il en pleuvait.*)

Le Jeune Homme pauvre, *seul*. — Où diable cet Henri Delaage m'a-t-il transporté? Du fer à ma gauche, une croisée à ma droite; parbleu ! je suis sur un balcon. Encore si c'était le balcon de Vérone, ce balcon si amoureusement sculpté par Shakespeare, — disons : le vieux Will, pour avoir bon air, — cela rentrerait du moins dans quelques-unes de mes idées. Mais un balcon moderne ! La fenêtre s'éclaire. Tiens ! c'est le mobilier de Balzac; il n'est donc pas encore usé? — J'aperçois un homme ; quel peut être cet homme ? Comme il est gros ! comme il est fort ! comme il est rouge ! Est-il permis, juste ciel, de se porter aussi bien que cela ! De quel abattoir sort cette espèce ? Il porte de la flanelle et des pantoufles jaunes, cet ours. Comment Delaage a-t-il d'aussi énormes connaissances ? — Ah ! on a ouvert une porte et soulevé une portière de velours; je le reconnais, ce velours : il sort de chez Théophile

Gautier. Une femme entre. Foi de gentilhomme! elle est ravissante, d'autant plus qu'elle n'est vêtue que d'une robe très-lâche en cachemire. — J'achèterai une robe semblable à Marguerite.

Continuons de regarder. Le taureau va à elle, et il lui prend des mains le bougeoir qu'elle a apporté. Un joli bougeoir; — quoiqu'il ne soit pas signé Clément Caraguel. Le taureau allume son cigare à ce bougeoir et dit tranquillement : — Merci, Fanny. *Fanny?* me voilà renseigné; je suis en face de l'héroïne de M. Feydeau. Et moi qui, deux minutes plus tard, allais la prendre pour *Madame Bovary?* Sac à papier! j'ignore donc absolument l'art des nuances? Je me brouillais du même coup avec Ernest Flaubert et Gustave Feydeau.

Que va-t-il arriver? Qu'est venue faire cette Fanny dans cette chambre? Ecoutons. J'entends le mari qui se plaint de ses varices. La femme, *avec un air de simplicité vague et un sourire pâle,* lui demande s'il a payé le boulanger, ce matin. Il l'asseoit sur ses genoux. Elle le regarde; il la regarde. — Onze heures déjà! dit l'hippopotame en bâillant à se décrocher la mâchoire. Tous deux se lèvent et elle se coiffe de nuit. LUI met un foulard. Horreur! — J'ai vu ce foulard quelque part : il a dû servir à Paul de Kock. Voilà de fort belles épaules, je n'en disconviens pas; et des cheveux qui se vendraient très-cher en Basse-Bretagne. Voilà.... Bon! la lumière s'est éteinte.

Ce n'était pas la peine de me déranger, pour me faire voir — ce qui arrive tous les jours.

EPILOGUE

(*Une grande route. Le fiacre du commencement. Le jeune homme pauvre s'en retournant au château de Laroque.*)

Le Jeune Homme pauvre. — Adieu, Paris, ville de boue et de fumée ! (*Passant la tête par la portière.*) Cocher, plus doucement ! plus doucement !

LE DUEL

LE DUEL

SCENE Ire

(*Le théâtre représente une chambre modeste. Il est neuf heures du matin. Le jeune et stérile écrivain Bruno dort d'un sommeil implacable. On frappe.*)

Bruno, *à demi réveillé*. — Entre... ou entrez. (*Deux messieurs paraissent, mûrs tous deux, graves tous deux, vêtus de noir tous deux et boutonnés jusqu'au menton.*)

Premier Monsieur. — Est-ce à M. Bruno que nous avons l'avantage de parler ?

Bruno. — Oui, messieurs.

Second Monsieur. — A monsieur Bruno, l'homme de lettres ?

Bruno, *étonné*. — L'homme de lettres ; oui, messieurs.

Premier Monsieur. — Alors, monsieur, c'est bien vous qui êtes l'auteur de l'article inséré, le 22 de ce mois, dans le journal *le Trombone artistique et littéraire*, et dirigé contre M. Amédée Butireux?

Bruno. — C'est-à-dire contre le dernier ouvrage de M. Amédée Butireux.

Premier Monsieur. — N'épiloguons pas, monsieur. Il y a dans votre article des attaques et des insinuations qui sortent tout à fait des bornes d'une critique convenable.

Bruno. — Lesquelles, monsieur?

Premier Monsieur. — Entre autres, le passage où vous traitez M. Amédée Butireux de « dernier des pitres » et où vous avancez que son livre semble avoir été écrit par « un fumiste en démence. »

Bruno. — Eh bien! messieurs?

Premier Monsieur. — Eh bien! sont-ce là les expressions dont un galant homme doit se servir vis-à-vis d'un de ses confrères?

Second Monsieur. — Et surtout vis-à-vis d'un homme aussi distingué que M. Butireux?

Bruno, *piqué*. — L'article a eu cependant beaucoup de succès.

Premier Monsieur. — Dites un retentissement fâcheux dans ces réunions qu'affriande sans cesse le scandale. Mais les honnêtes gens, monsieur, les honnêtes gens, vous les avez navrés!

Second Monsieur. — Oh! bien certainement.

Bruno. — Enfin, messieurs, que me voulez-vous?

Premier Monsieur. — Notre mission est pénible, mais nous avons dû l'accepter. Nous venons, au nom de notre respectable ami M. Amédée Butireux, vous demander réparation de l'article du *Trombone artistique et littéraire.*

Bruno. — Quelle réparation, messieurs ? car il y en a de plusieurs sortes.

Premier Monsieur. — C'est juste ; aussi M. Butireux, qui comprend jusqu'à un certain point les entraînements de la plume et les nécessités de la vie littéraire, se contenterait d'une lettre d'excuses rendue publique par l'impression, et dans laquelle vous déclareriez retirer les termes offensants dont vous vous êtes servi à son égard.

Bruno, *devenu rouge.* — Rien que cela ? M. Butireux n'est pas exigeant.

Second Monsieur. — C'est un homme de bonne compagnie, avant tout, monsieur.

Bruno. — Il a tort de se gêner. Que ne me demande-t-il de fendre son bois et d'aller au marché pour lui ?

Les deux Messieurs. — Monsieur !...

Bruno. — Il y met trop de discrétion, parole d'honneur. A sa place, j'exigerais que le folliculaire fît amende honorable tout le long des boulevards, depuis la Madeleine jusqu'à la Bastille, un cierge de cinquante livres à la main.

Premier Monsieur. — La raillerie est hors de saison, monsieur, et vous nous forcez à changer notre rôle de conciliateurs contre celui de témoins.

Bruno. — Je bats des mains à cette métamorphose.

Premier Monsieur. — Voici nos cartes ; j'attendrai personnellement jusqu'à demain midi vos fondés de pouvoirs.

Bruno. — C'est bien, messieurs.

Premier Monsieur. — Monsieur, nous vous saluons.

Second Monsieur. — C'est avec regret, monsieur, que nous vous voyons persister dans cette attitude agressive ; nous ne croyons cependant pas que M. Amédée Butireux ait eu des torts personnels envers vous. S'il en était ainsi, nous vous prierions d'éclairer notre conscience à ce sujet.

Bruno. — Je n'ai jamais vu M. Butireux, même en peinture, et j'en remercie le ciel chaque jour.

Second Monsieur. — Pourquoi cela, monsieur ?

Bruno. — Parce qu'il en est pour moi de M. Butireux comme des épinards, que je déteste sans les connaître. Si je les connaissais, j'en mangerais peut-être, et rien ne me contrarierait davantage, puisque je les déteste.

Second Monsieur. — Alors, monsieur, vous convenez n'avoir été poussé dans votre incroyable article...

Bruno. — Incroyable !

Second Monsieur. — Par aucun motif sérieux ni par...

Bruno. — Permettez, je n'ai pas dit cela ! En outre de la légitime aversion que m'ont toujours inspirée les ouvrages de M. Butireux, j'ai à alléguer un grief contre leur auteur.

Second Monsieur. — Ah !

Premier Monsieur. — Quel grief, monsieur ?

Bruno. — Celui de m'avoir exposé à mettre le feu aux rideaux de mon lit, un soir que je m'étais endormi sur une de ses productions.

Premier Monsieur. — Assez, monsieur ; nous ne

pouvons tolérer plus longtemps que vous déversiez le ridicule sur une des gloires les plus pures du pays.

Bruno. — Oh! Butireux, une gloire!

Second Monsieur. — Un homme que la postérité classera à côté de Chateaubriand et d'Ancelot. (*Bruno se dresse sur son séant.*)

Premier Monsieur. — Jeune comme vous l'êtes, monsieur, il est douloureux de vous voir juger avec tant d'injustice les réputations les plus solidement établies. Si vous connaissiez M. Butireux...

Second Monsieur. — C'est le meilleur des hommes!

Bruno, *jetant les yeux sur la pendule*. — Dix heures déjà?

Premier Monsieur. — Maintenant que nous avons rempli notre devoir, il ne nous reste plus qu'à nous retirer.

Bruno. — C'est cela.

Les deux Messieurs, *s'inclinant*. — Monsieur...

Bruno. — A demain, messieurs, à demain.

—

SCENE II

Bruno, *seul, lisant les cartes qu'on vient de lui remettre* — « Cosnard, ancien gérant de la Filiale, rue Bleue, 19. » C'est le petit, celui qui a proféré le nom d'Ancelot... le monstre! — Voyons l'autre : « Machefer (Victor), auteur du *Tulipier et ses produits*. » A la bonne heure! un confrère. (*Il sort du lit.*)

Qui diable aurait pensé que ce Butireux fût aussi rageur? *Le dernier des pitres*, eh bien ! quoi? est-ce une insulte? Evidemment, non ; cela rentre dans l'appréciation de la manière de l'écrivain. Elargissons la critique. *Fumiste en démence?* il est clair que c'est une plaisanterie, un mot. On ne prend pas ces choses-là au pied de la lettre. En somme, mon article n'a rien de malveillant. Je me souviens même d'avoir supprimé l'épithète de « goitreux du Valais, » dont l'énergie me plaisait singulièrement ; mais j'ai obéi à un sentiment exagéré des convenances. Ce Butireux veut procéder par l'intimidation avec moi ; il mérite une leçon. Pas de pitié pour Butireux ! Je tuerai Butireux. (*Il va à son lavabo.*)

Tuer Butireux ! Et pourquoi? Verser le sang d'un de ses semblables, d'un membre de la Société des Gens de Lettres ! Oh ! Bruno, tu deviens cruel ! *Et que veux-tu faire de ce sang, bête féroce? le veux-tu boire?* comme dit Jean-Jacques Rousseau. Reviens à des sentiments plus humains, songe au candidat Bertron ! (*Il met ses bottes.*)

Mais je ne puis reculer. Ces gens qui sortent d'ici ont murmuré des paroles de provocation ; une faiblesse compromettrait du même coup ma jeune renommée et les intérêts du *Trombone artistique et littéraire*. Il ne faut pas qu'on dise : — Bruno a *cané* devant Butireux. Périsse Butireux plutôt qu'un principe ! Allons chercher des témoins. (*Il sort.*)

SCENE III

(*Le théâtre représente le bureau de rédaction du journal le Trombone artistique et littéraire. Le rédacteur en chef, le secrétaire de la rédaction, le caissier, etc., sont groupés autour d'une table recouverte d'un tapis vert.*)

Le Rédacteur en chef. — Notre journal réclame impérieusement des améliorations.

Le Caissier. — Oh ! oui.

Le Rédacteur en chef. — A commencer par nos collaborateurs. Il est temps d'envoyer une canne à Bruno : ce garçon est vidé, complètement vidé.

Le Secrétaire de la rédaction. — Son article sur Butireux est d'une platitude sans égale. Il devient poli, il fait des concessions. C'est un four.

Le Caissier. — C'est un four.

Un Confrère, *ulcéré par l'envie*. — C'est un four.

Le Rédacteur en chef. — On voit que ce gaillard-là cherche à se faire un marche-pied du *Trombone*.

Le Secrétaire de la rédaction. — Tout simplement.

Le Rédacteur en chef. — Il veut se créer des relations à l'aide de notre influence.

Bruno, *entrant*. — Messieurs, j'ai l'honneur de vous annoncer que M. Amédée Butireux vient de m'envoyer ses témoins, à l'occasion de mon dernier article.

Tous. — Pas possible !

Bruno. — Deux témoins en chair et en os, parfaitement constitués. Je les ai vus comme je vous vois ; ils m'ont même parlé.

Le Confrère, *ulcéré par l'envie.* — Ce Bruno a toujours eu de la chance.

Le Rédacteur en chef, *se levant.* — Mon cher, recevez mes félicitations : c'est un succès.

Le Secrétaire de la rédaction. — C'est un succès.

Le Gérant. — C'est un succès.

Le Caissier. — Et comme cela va faire du bien au journal !

Bruno. — Vraiment !

Le Rédacteur en chef. — Vous voilà posé, du coup.

Bruno. — Ah çà ! j'ai compté sur vous pour me servir de témoin ; n'est-ce pas ?

Le Rédacteur en chef. — Qui ? moi !

Bruno. — Dame ! cela me paraît assez naturel.

Le Rédacteur en chef. — Vous n'y pensez pas, mon cher Bruno. *Le Trombone* ne peut pas, ne doit pas engager sa responsabilité dans une affaire de ce genre

Le Secrétaire de la rédaction. — C'est impossible, évidemment.

Bruno, *étonné.* — Pourquoi donc ?

Le Rédacteur en chef. — Nous aurions l'air d'une coterie, d'un cénacle armé. Tout le monde nous jetterait la pierre. On verrait un complot contre Amédée Butireux. Comprenez-vous ?

Bruno. — Pas trop.

Le Rédacteur en chef. — Il est indispensable que

vous choisissiez vos témoins en dehors de la rédaction du *Trombone*.

Bruno. — Vous croyez?

Le Rédacteur en chef. — Vous ne manquez pas d'amis; chacun sera enchanté de se mettre à votre disposition. J'eusse été votre homme avec plaisir en toute autre circonstance. Savez-vous bien tirer l'épée?

Bruno. — Heu! heu!

Le Rédacteur en chef. — Et le pistolet?

Bruno. — Comme cela.

Le Rédacteur en chef. — Votre affaire est excellente : vous tirerez d'inspiration.

Bruno. — C'est ce que je me suis dit; mais cependant j'irai me rafraîchir la main chez Grisier.

Le Rédacteur en chef. — Adieu : tenez-nous au courant. Vous savez que nos colonnes vous sont ouvertes à deux battants. Envoyez-nous une note, des lettres, tout ce que vous voudrez. Nous chaufferons cela. (*Sortie de Bruno.*)

SCÈNE IV

(*Le théâtre représente un café hanté par des hommes de lettres et des artistes. Au lever du rideau, deux joueurs occupent le billard. Un boursier les regarde.*)

Premier Joueur. — La bille en tête!

Second Joueur. — La bille en tête, si je veux. Moi, je le comprends par l'effet. (*Bruno entre.*)

Bruno, *au premier joueur, bas.* — Dis donc...

Premier Joueur. — Tiens ! te voilà. Range-toi un peu; où est le blanc?

Bruno, *bas.* — Je voudrais te dire un mot.

Second Joueur. — Ce n'est pas payé, cela. Des bandes qui ne rendent pas du tout ! (*A Bruno.*) Monsieur, je vous prie de me laisser passer.

Premier Joueur, *à Bruno.* — Eh bien ! parle.

Bruno. — C'est que...

Premier Joueur. — Attends ! une série. Les trois bandes, et la suite. Dix-sept, dix-huit... (*A Bruno.*) Je t'écoute.

Second Joueur. — Vingt à dix-huit.

Premier Joueur. — Dix-neuf !

Second Joueur, *avec humeur.* — Un raccroc.

Bruno, *au premier joueur, bas.* — Je me bats demain en duel.

Premier Joueur. — Bah ! vingt... vingt à ! (*A Bruno.*) Toi, tu as un duel ? Prends garde, tu me gênes le bras.

Second Joueur. — Les billes se touchent.

Premier Joueur, *se penchant.* — Non.

Second Joueur. — Par exemple ! demandez plutôt à monsieur.

Premier Joueur. — Bruno, est-ce que les billes se touchent ?

Bruno. — Certainement.

Second Joueur. — Ah ! vous voyez bien. (*Il replace les billes.*)

Premier Joueur. — Ce Bruno influence les billes. Il n'est bon à rien, pas même à jouer le rôle de la galerie. Voyons, est-ce que tu vas longtemps te fourrer dans mes jambes, comme cela ?

Bruno, *bas*. — Veux-tu me servir de témoin ?

Premier Joueur. — Vingt-et-un ! (*A Bruno.*) Témoin de quoi ? Bon ! fausse queue... !

Second Joueur. — A moi.

Bruno. — Je me bats avec Butireux.

Premier Joueur. — Tu deviens donc un spadassin maintenant ?

Second Joueur. — Tant pis, je joue la difficulté. (*Il manque son coup.*) Quel sabot que ce billard ! C'est peut-être aussi ma queue qui est trop légère. (*A Bruno.*) Monsieur, permettez-moi de passer.

Bruno, *au premier joueur*. — J'ai besoin d'un témoin ; veux-tu m'en servir ?

Premier Joueur. — Vingt-deux à vingt ! — (*A Bruno.*) Ton témoin ? Merci ! six mois de prison et les frais. — Regarde ce coup : vingt-trois ! — Et les balles qui risquent de s'égarer... Ah bien ! ton témoin ! Veux-tu prendre quelque chose ? un soda ? une choppe !

Bruno. — Non. (*Il sort.*)

SCÈNE V

(*Le théâtre représente les boulevards. Il est deux heures de l'après-midi.*)

Bruno, *frappant sur l'épaule d'un passant*. — Léon !

Léon. — Bonjour, ma petite vieille.

Bruno. — Butireux vient de me provoquer ; tu m'obligerais d'être mon témoin.

Léon. — Tu es fou? Butireux est mon ami intime ! adresse-toi à Léopold.

Bruno. — Il m'a refusé.

Léon. — Pourquoi ?

Bruno. — Il part ce soir pour la campagne.

Léon. — Alors, prends Philippe ; tu sais le mot sur lui : le premier des seconds.

Bruno. — Je sais bien ; mais il est au lit.

Léon. — J'en suis fâché pour toi, ma petite vieille ; quant à moi, tu comprends, je ne peux pas assister à l'égorgement de Butireux. Mets-toi à ma place. (*Il s'éloigne.*)

Bruno, *seul, s'essuyant le front.* — Dix-sept refus ! Les témoins s'en vont ! Ceux-ci ont un emploi dans le gouvernement ; ceux-là se sont fait une loi de ne se mêler d'aucun duel ; les autres m'imposent pour condition que je ferai des excuses à mon adversaire. Généralement, on trouve que « le dernier des pitres » est trop fort. Je ne m'en serais jamais douté. Trois heures bientôt ! — Allons aux Batignolles chercher Ernest ; ensuite, je passerai chez Alfred, rue de l'Est. Pourvu qu'ils soient chez eux ? — Triste ! triste… et surtout bien fatigant !

SCÈNE VI

(Le théâtre représente une loge de portier, lequel portier utilise ses loisirs à réparer la chaussure humaine. Ce qu'il surnomme son local est ainsi décoré : un pot de basilic, une pie, un contrat de mariage dans un cadre de bois noir. Il est minuit et demi. On sonne.)

Une Voix du dehors. — Don-siou plaît !

Le Portier. — Oui, sonne, petit drôle...

La Voix. — Porte-sillou-plaît ?

Le Portier. — Débauché ! *(Il se décide à tirer le cordon.)*

Bruno, *entrant pâle et défait.* — Ah ! père Bulbul, laissez-moi m'asseoir quelques minutes sur cette chaise ; je n'en puis plus...

Le Portier. — Jeune homme, vous menez une conduite scandaleuse ; je ne suis pas votre père, mais si je l'étais...

Bruno. — Monsieur Bulbul, je ne mérite pas vos reproches ; je suis, au contraire, bien à plaindre.

Le Portier. — Vous semblez, en effet, tout décomposé. Voyons, ce que j'en dis, c'est dans votre intérêt. Je vous offre, pour vous remettre, un verre de vespétro.

Bruno. — Merci, monsieur Bulbul ; j'ai déjà pris onze canettes et six absinthes.

Le Portier. — Malheureux ! vous voulez donc abréger vos jours ?

Bruno. — Plût à Dieu que mes jours fussent terminés ! je ne serais pas, comme aujourd'hui, un homme déshonoré.

Le Portier, *laissant tomber son tranchet.* — Que dites-vous, mon jeune locataire du quatrième?

Bruno. — Je dis que, appelé en duel ce matin, je viens de battre tout Paris pendant quatorze heures sans pouvoir trouver un témoin, un seul ! Est-ce assez de guignon, monsieur Bulbul?

Le Portier. — Un duel ! vous avez un duel, vous? Une vraie rencontre là : une *deusse!* une *deusse!* une *deusse!* (*Il se met en garde.*)

Bruno. — Oui.

Le Portier. — Et vous vous plaignez ! et vous avez l'air de faire le dégoûté. Mille-z-yeux ! si j'étais à votre place !

Bruno. — Mais un témoin, au nom du ciel !

Le Portier. — Eh bien ! ne suis-je pas là, moi?

Bruno. — Vous, père Bulbul?

Le Portier. — On a fait la guerre d'Espagne, sans que cela y paraisse.

Bruno, *à part.* — Au fait, un portier est un témoin comme un autre. (*Haut.*) Comment ! monsieur Bulbul vous seriez assez bon...

Le Portier. — Quand il s'agit de se rafraîchir d'un coup de sabre, les anciens sont toujours là. Je monterai chez vous demain matin, avant de faire mes escaliers. J'apporterai *Coco* sous ma redingote.

Bruno. — Qu'est-ce que c'est que *Coco?*

Le Portier. — C'est mon sabre.

Bruno. — Mais je ne veux pas me battre au sabre ; je n'ai jamais touché cette arme.

Le Portier. — Cela ne fait rien. Je vous montrerai un fameux coup de pointe... comme cela... (*Il s'aligne.*) avec lequel vous pourrez expédier votre adversaire.

Bruno. — Je ne voudrais pas le tuer tout à fait.

Le Portier. — Bien entendu ! une oreille nous suffira. Allons, mon jeune cadet, il est temps d'aller dormir. Voilà votre bougeoir. — Ah ! j'oubliais cette lettre qui est venue pour vous.

Bruno. — Donnez. (*Il lit.*)

« Mon cher ami,

» Qu'est-ce que j'apprends à l'instant? Tu te bats, et tu n'as pas pensé à moi pour te servir de témoin ! Tu sais pourtant combien j'ai besoin de publicité. Je serai chez toi au point du jour.

» Ton ami,

» Gustave d'Olifant.

» P. S. — J'ai déjà préparé une note pour les journaux. » (*Bruno lève les mains au ciel*).

Le Portier. — Qu'est-ce qu'il vous prend ?

Bruno. — Sauvé ! sauvé ! — Je remonte dans ma chambre pour écrire quelques dispositions. Monsieur Bulbul, vous venez de me rendre un service que je n'oublierai jamais. Votre main, je vous prie.

Le Portier. — Digne jeune homme !

Bruno. — Bonsoir, monsieur Bulbul. A demain !

Le Portier. — A demain. (*Il essuie furtivement une larme.*)

LA
DISTRIBUTION DES PRIX

LA
DISTRIBUTION DES PRIX

DU CONCOURS GÉNÉRAL

Jeunes élèves,

L'année scolaire qui vient de s'écouler a été l'occasion de nouveaux triomphes pour vous et de nouvelles satisfactions pour vos professeurs. Non pas précisément que vous ayez procédé par des chefs-d'œuvre; les chefs-d'œuvre ne sont pas absolument le fait de notre époque; ils sont en outre humiliants pour les Etats voisins, qu'ils tendent à rabaisser aux yeux de l'Europe attentive. Nous ne saurions donc, malgré le vif sentiment de notre chère nationalité, vous blâmer complétement de votre abstention délicate; vous avez eu, avant tout, le juste souci de l'équilibre dans nos rapports internaionaux; vous avez pensé que, depuis quelque temps, la France était assez riche en penseurs et en artistes pour accomplir une halte qui, elle-même, n'est pas sans gloire. Tel le moissonneur s'arrête au versant d'une colline et contemple avec un sourire de contentement les épis tombés sous sa faucille.

Néanmoins, je ne vous dissimulerai pas, jeunes élèves, que ce n'est point par un caractère spécial de moralité que se recommandent vos compositions. Sans rien vouloir enlever aux mérites de l'imagination et du style, mérites poussés par vous aussi loin que possible, et qui sont d'ailleurs un des brillants apanages de notre époque, il me semble que vous avez un peu relégué dans l'ombre les côtés consolateurs et pratiques de la littérature. C'est ainsi qu'on remarque chez la plupart d'entre vous une insistance inexpliquée à s'occuper des mœurs et des habitudes d'une certaine classe de femmes qui n'ont conservé de leur sexe que la beauté, la grâce, l'élégance et l'esprit.

Prenez-y garde, jeunes élèves! vos âmes, si heureusement douées qu'elles soient, ont surtout besoin de cette direction morale dont le soin fut remis en tout temps aux mains de ces bons critiques, de ces journalistes paternes que vous avez quelquefois le tort de méconnaître. Ecoutez-les, ces maîtres dévoués, ces feuilletonistes du bon Dieu, qui cachent sous leur sévérité apparente un ardent amour des lettres largement rémunérées. Ils vous diront que tout n'est pas rose dans leur profession, que tout n'est pas jasmin dans leur existence, et que vous leur avez fait passer des heures fièrement ennuyeuses. Cependant, je n'ignore pas que, dans les accès passagers d'un courroux qui prend sa source aux causes les plus futiles, vous avez l'habitude de les traiter comme les derniers des derniers.. Revenez de votre injustice, jeunes et chers élèves ; cessez des récriminations qui n'ont ordinairement pour base que la vanité froissée ; ne voyez en nous désormais que des protecteurs, des amis, des frères ; et buvez de l'eau.

Jeunes élèves ! vous allez rentrer dans vos familles : vous y apporterez ces traditions dont nous avons cherché à développer en vous le culte et l'amour ; cires molles et flexibles entre nos mains vigilantes, vous garderez l'empreinte de nos leçons. En attendant, venez recevoir ces palmes que vous avez su conquérir dans le champ de l'aptitude ; joignez-les aux embrassements d'une mère, d'une sœur ; nous jouirons de vos douces larmes, et, soldats pacifiques des conquêtes de l'intelligence, nous garderons pieusement le souvenir de cette journée, qui aura été le plus beau sabre de notre vie !

CLASSE DE PHILOSOPHIE

CINQ SECTIONS

Grand prix d'honneur : Guichardet (Oscar), de Beaune, élève de l'expérience.

Première section. — douce gaieté.

Premier prix : Buloz (François), d'Aix en Savoie ; lycée de la rue Saint-Benoît.

Second prix : Audebrand (Philibert), du val d'Andorre.

Deuxième section. — AIMABLE FOLIE.

Premier prix : Desnoiresterres (Gustave), de Bayeux ; lycée de la *Revue française.*

Premier accessit : Sorr (Angelo de), du Ravin-de-la-Croix ; auteur du *Vampire.*

Deuxième accessit : Pillon (Alexandre), élève du collége Basset.

Troisième accessit : Monrose (Louis), sociétaire de la Comédie-Française.

Quatrième accessit : Busquet (Alfred), de Quillebœuf, élève du collége Basset.

Cinquième accessit : Venet (Isidore), de Château-Thierry, auteur des *Mémoires de madame Saqui,* élève du séminaire Coquille.

Troisième section. — MODESTIE.

Premier prix : Couture (Thomas), peintre.
Deuxième prix : Courbet (Gustave), peintre.
Premier accessit : Séjour (Victor), de la Martinique, auteur de *Richard III,* comme Shakespeare.

Deuxième accessit. — Desnoyers (Fernand), auteur du *Bras noir* et des *Assassins du Vin.*

Quatrième section. — ABNÉGATION.

Premier prix : Maquet (Auguste), élève de l'institution Dumas.

Deuxième prix : Bocage (Paul), élève de l'institution Dumas.

Premier accessit : Meurice (Paul), élève de l'institution Dumas.

Deuxième accessit : Auger (Hippolyte), élève de l'institution Dumas.

Cinquième section. — BONNES MŒURS.

Prix unique : Habans (J.), des Basses-Pyrénées, secrétaire du *Figaro*.

CLASSE DE RHÉTORIQUE

ONZE SECTIONS

Première section. — DISCOURS FRANÇAIS.

Premier prix : Taylor (le baron), d'Anvers, président des cinq associations parlantes.
Accessit : Samson, sociétaire de la Comédie-Française.

Deuxième section. — TOASTS ET ORAISONS FUNÈBRES

Premier prix : Bataille (Charles), professeur de chant au Conservatoire.
Second prix : Pierron (Eugène), artiste dramatique.
Premier accessit : Lurine (Louis), de Burgos, homme de lettres.

Troisième section. — VERSION LATINE.

Prix unique : JANIN (Jules), de Saint-Etienne ; élève du lycée Berlin.

Quatrième section. — HISTOIRE.

Premier prix : LORSAY (Eustache), auteur du *Maréchal de Villars.*
Second prix : FOUCHER (Paul), auteur de *l'Amiral Byng* et de *Maurice de Saxe.*
Premier accessit : HUGELMANN (Gabriel), auteur de *Jean Bart.*
Deuxième accessit : DUGUÉ (Ferdinand), auteur de *William Shakespeare.*

Cinquième section. — GÉOGRAPHIE, VOYAGES.

Premier prix : NORIAC (Jules), pour son voyage de Paris au Havre et du Havre à Paris.
Second prix : GAIFFE (Adolphe), navigateur sur la mer des passions.
Premier accessit : BASCHET (Armand), de Blois, toujours en mission extraordinaire.
Deuxième accessit : WOESTYN (Eugène), de Dunkerque et d'Orléans, auteur des *Relais de la Bohême.*

Sixième section. — TRAGÉDIE.

Premier prix : PAGÈS (du Tarn), auteur de *la Nouvelle Phèdre;* prix maintenu.
Premier accessit : LEGOUVÉ (Ernest).
Deuxième accessit : PONROY (Arthur).

LA DISTRIBUTION DES PRIX

Septième section. — LECTURE A HAUTE VOIX ET DÉCLAMATION.

Premier prix : WEIL (Alexandre), de Strasbourg.

Huitième section. — MÉCANIQUE.

Premier prix : le petit SCRIBE (Eugène), de Paris, élève de Jacquart.

Second prix : FÉVAL (Paul), de Vitré, élève de Bréguet.

Premier accessit : D'IVOI (Paul), d'Avignon, élève de Fulton.

Deuxième accessit : BONIFACE, de Montmartre, élève de Chappe.

Troisième accessit : FOUCHER (Paul), déjà nommé, élève de Tournebroche.

Quatrième accessit : MAUBANT, de Rome, sociétaire du Théâtre-Français.

Neuvième section. — BOTANIQUE.

Premier prix : HOUSSAYE (Arsène), de Moulin-sous-Bois.

Second prix : DESCHAMPS (Emile).

Premier accessit : ROSIER, vaudevilliste.

Deuxième accessit : DUTERTRE, *idem*.

Troisième accessit : DESARBRES (Nérée), *idem*.

Quatrième accessit : DESLYS (Charles).

Cinquième accessit : DUPREZ, maire de Valmondois.

Sixième accessit : CHAMPFLEURY.

Septième accessit : Pommier (Amédée).

Mentions honorables : Duchesne (Alphonse), sapin, bouleau.

Dixième section. — HISTOIRE NATURELLE

Premier prix : Plouvier (Edouard), auteur des *Contes pour les Jours de Pluie.*

Second prix : Laperdrix de Morainville, membre de la Société des gens de lettres.

Onzième section. — CHIRURGIE, ORTHOPÉDIE, TORTICOLIS, PANARIS, ETC.

Premier prix : Flaubert (Gustave), de Rouen, élève de Nélaton.

CLASSE DES BEAUX-ARTS

HUIT SECTIONS

Première section. — PEINTURE, GENRE

Premier prix : de Saint-Victor (Paul), de Venise; élève de l'institution Sang-de-Bœuf.

Second prix : de Banville (Théodore), d'Athènes; lycée d'Eros.

Deuxième section. — NATURE MORTE

Premier prix : Ponsard (François), de Vienne, élève

de Ricourt et de Michel Lévy.

Premier accessit : Durantin (Armand).

Troisième section. — portrait

Premier prix : Sainte-Beuve ; prix maintenu.
Second prix : Taine (H.), de l'Ecole normale.
Premier accessit : Reynaud (Jacques), lieu de naissance inconnu.

Quatrième section. — musique.

Prix d'harmonica : Murger (Henry), de Marlotte.
Prix de biniou : Pitre-Chevalier, de Locmaria.
Prix de basse : Granier de Cassagnac, de Lectoure.
Prix de viole : Francisque Michel, d'Oxford.
Prix de harpe : De Laprade (Victor), de Lyon.
Prix d'orgue : Barbey d'Aurevilly, du Bas-Hamet.
Prix d'accordéon : Chadeuil (Gustave), du *Siècle*.
Prix de guitare : Gatayes (Léon), autrefois d'Etretat et maintenant de Nice.
Prix de castagnettes : Pelloquet (Théodore), des Espagnes.

Cinquième section. — danse

Prix de bamboula : Cochinat (Victor).

Sixième section. — équitation.

Prix : Supersac (Auguste), de Paris, auteur d'*Une Femme heureuse*.

Accessit : Bourdet (Edouard), avocat à la Cour impériale.

Septième section. — NATATION.

Prix : Ozy (Alice), actrice, qui a fait les délices du théâtre des Variétés.

Huitième section. — ORFÉVRERIE.

Premier prix : Gautier (Théophile), de Golconde, prix maintenu.

Second prix : Goncourt (Jules et Edmond), de Rubis-sur-Oncle.

Le recteur,

CHARLES MONSELET.

MON ENNEMI

MON ENNEMI

—

Il y a longtemps de cela ; mettons cinq ans, mettons huit ans même. Je faisais alors de la littérature singulière, c'est-à-dire, je ne m'occupais en aucune façon de mes confrères ; je ne songeais nullement à regarder par-dessus leurs épaules pour surprendre leurs procédés ; leurs habitudes et leurs manies m'étaient entièrement indifférentes. Comme un élève, le dernier venu dans un atelier de peinture, je m'étais modestement assis loin d'eux, me contentant de copier les portions les plus élémentaires du modèle qui posait pour tout le monde. Lorsque j'y pense, je devais paraître un être bizarre : j'avais l'admiration, la timidité, le silence.

Peu à peu l'ennui me saisit. Je ne pouvais cependant me plaindre de la chance, qui, m'ayant pris par la main, m'avait mis presque immédiatement à même de gagner ma vie à l'aide de *ce qu'il y a dans une bouteille d'encre,* selon l'expression de M. Alphonse Karr. Seulement, je m'aperçus que mon ambition, sans être diminuée, s'apaisait et commençait à passer à l'état de chose convenue. Les rêves, les espérances, toute cette volée d'oiseaux qui gazouillent autour du travail ardent, se faisaient de jour en jour plus rares; ils émigraient, cela était clair.

Je m'en étonnai beaucoup, car personne n'a vécu plus que moi de la vie du rêve, sans en excepter le moine-cavalier de *la Morte amoureuse*. Chaque nuit, régulièrement, le plafond de ma chambre à coucher s'entr'ouvrait, plein de choses miraculeuses; un cortége défilait, conduit par le luxe et l'extravagance. Ce n'étaient que bals dans mon cerveau. Des métaphores à cheval gardaient la porte de ma pensée. On n'entrait que muni de billets d'invitation. Tout éblouissait; un Charenton tendu de soie et inondé de lumières, au milieu duquel je me promenais jusqu'au matin, en compagnie d'une assez jolie fille, habillée avec un mauvais goût de théâtre, — et qui était ma Jeunesse.

Ce n'était pas seulement pendant la nuit que je rêvais. Le jour me trouvait aussi bayant aux étoiles invisibles et marchant, moi vivant, dans le roman de mes désirs. De la rue d'Argenteuil, où je demeurais, à la Bibliothèque Mazarine, où j'allais quotidiennement travailler, il y avait, en traversant le sombre passage Saint-Roch et les éclatantes Tuileries, en suivant les quais joyeux, il y avait, dis-je, vingt minutes environ à tuer. En avant, le rêve du triomphe et de la carrière parcourue! J'escomptais à caisse ouverte une renommée qui, je le crains bien aujourd'hui, fera défaut lors de l'échéance. Je me voyais *arrivé*. Ne souriez pas; je n'étais point aussi aisé à satisfaire que vous pourriez le croire : de rue en rue, de quai en quai, je franchissais bien vite la limite des succès paisibles, pour arriver aux fanfares de l'apothéose. Je m'incarnais successivement dans tous les acclamés de l'histoire : Pétrarque au Capitole, Corneille salué par le parterre et par le prince de Condé, Voltaire à la représentation d'*Irène*. Aucunes félicités ne m'échappaient dans ces vingt minutes de l'aller ou du retour : je bâtissais des palais, et j'accomplissais des voyages.

Comme je vous le dis, cette fougue dans le rêve se détendit et s'effaça à moitié. Une nuit même, je m'aperçus que je dormais. Il était évident que mon esprit manquait de stimulant, et que l'habitude avait mis sa rouille dans les ressorts de mon imagination. Précisément, à la même époque, je venais d'être trompé par une Ernestine, — ce qui m'arrive plus souvent que de faire une comédie en cinq actes; — et, comprenant que d'ici à quelques mois je courais le risque de n'être pas aimé, je voulus être haï, mais haï d'un de mes semblables, d'un de mes collègues en l'art de parler et d'écrire correctement. Après la première maîtresse, le premier ennemi.

Cette idée m'enchanta; je connaissais les sensations du premier rendez-vous et du premier serrement de main; je fus désireux d'éprouver l'émotion du premier regard de colère et de la première crispation de poings. Comment avais-je pu rester jusque-là sans un ennemi? c'était une situation ridicule, impossible. Un ennemi allait désormais jeter dans mon existence cette poignée de sel que recommandent toutes les *Cuisinières bour-*

geoises de la philosophie. Je me mis donc immédiatement en quête d'une haine littéraire.

Il n'y a que le premier ennemi qui coûte, mais il coûte énormément — à rencontrer. Il fuit devant l'embuscade, il se dérobe aux tentatives d'agression, il fait le sourd et l'incrédule, il pardonne en souriant, et cette générosité surtout est irritante. J'eus le désagrément de le ressentir dès que je commençai à jeter quelques pierres dans les vitres de mes voisins, d'une main encore mal assurée. Un galant homme mit à cette occasion la tête à la fenêtre et me dit : — Prenez garde, mon petit ! si la première moitié de votre vie se passe à casser les vitres, la seconde moitié se passera à les remettre !

Les paroles de ce galant homme, dont le souvenir m'a poursuivi quelquefois, faillirent me faire renoncer à mon projet; mais les perversités de l'esprit l'emportèrent sur les scrupules du cœur, et je me remis à ma recherche avec une âpreté nouvelle. Seulement, las de m'adresser à des indifférents et de les solliciter par le manteau, en leur disant : — Ne vous plairait-il pas de me prendre en profonde et vigoureuse aversion ! j'essayai d'un autre système; je fis, à mon usage personnel, un axiome ainsi conçu : Pour faire un excellent ennemi, prenez un ami.

Et je pris un de mes amis. J'avais le choix alors : des bruns et des blonds, des châtains, même des rouges. Je marchais entre deux haies de poignées de mains. C'était le bon temps, mais le temps monotone; il fallait en finir, nécessairement. Je choisis un de mes camarades d'enfance, et, m'accablant moi-même d'invectives, comme Lucien de Rubenpré, alors qu'il écrivit son fameux article contre Daniel d'Arthez, je me mis sérieusement à entreprendre sa démolition, roman par roman, comédie par comédie. (Pour la vente des matériaux, s'adresser chez le chaudronnier à côté.)

Le lendemain, pas plus tard que le lendemain, je rencontrai ce camarade : je rayonnais, car je m'attendais à une explication sans miséricorde. Il me prit sous le bras, et de l'air le plus affable : — Quelle mouche te pique ? me demanda-t-il ; et d'où te surviennent ces sévérités guerroyantes ? Puis il ajouta, ce brave garçon : — Va ! je ne t'en veux pas, si tu as dit ta pensée.

Il ne pouvait pas me faire plus de mal.

Trois ou quatre autres de mes intimes passèrent également au crible de mon ennui et de ma curiosité. J'eus pour eux des épigrammes inexcusables, des mots façonnés de telle sorte qu'ils restent dans la chair comme des balles, et que rien ne peut les en extraire. Je jouai de malheur. L'un d'eux, le plus cynique, m'écrivit : — Merci ! Les autres ne me dirent pas autre chose que : — Tu prends peut-être une mauvaise voie.

Cependant je commençais à ne plus m'ennuyer. Les rêves revenaient, mais ils étaient d'une autre nature. Voltaire, Corneille et Pétrarque n'en faisaient plus les frais ; les redoutés avaient succédé aux acclamés : c'était Fréron, c'était Geoffroy, c'était Courier ; plumes grinçantes, lèvres fines, regards armés. Un autre ordre d'émotions, un nouveau genre de bravoure !

Je vis qu'il fallait employer les grands moyens pour arriver à mon but. Le « Aussi bête que monsieur, » lancé par Figaro à Brid'oison, me donna la mesure de ma polémique. J'eus enfin un ennemi, un ennemi bien à moi, pâlissant à mon nom et jurant qu'il se vengerait tôt ou tard. Ce jour-là, je me sentis grandi de deux pieds.

Que faisait mon ennemi? que disait mon ennemi? Je ne vécus que pour mon ennemi pendant les premiers temps. L'avait-on vu la veille? S'il allait se raviser et se relâcher de sa rancune! Allons, vite, alchimiste de la haine, un article sous son dernier livre et souffle un feu d'enfer! Il faut que les gémissements et les imprécations de ton ennemi arrivent jusqu'à toi! — Mais s'il allait demander grâce? — Pas de grâce!

Ce fut presque un bonheur pour moi que cet ennemi. Redoutant à mon tour son contrôle, de la même façon qu'il abhorrait le mien, je surveillai de plus près mes écrits, j'émondai mon style. Au moment de livrer ma *copie* à la publicité, je me demandais toujours avec une certaine anxiété : Ce morceau sera-t-il goûté de mon ennemi? — ou bien : — Mon ennemi dira ce qu'il voudra, mais voilà une page contre laquelle toutes ses fureurs seront impuissantes.

Une fois, mon ennemi s'avisa de quitter Paris et de s'en aller en Italie, plus loin même, pour son plaisir. Il avait annoncé que son voyage durerait deux ans. La fureur me suffoqua. Renoncer à mon ennemi! à un ennemi conquis si chèrement! cette idée ne pouvait entrer dans ma tête. Pour qui désormais aurai-je de l'émulation? qui est-ce qui donnerait l'élan à ma plume, la joie secrète à mes veilles? qui est-ce qui sonnerait chaque matin à mes oreilles la diane du travail? Plus d'ennemi, plus de verve. Mon ennemi m'abandonnait, l'ingrat! et pourquoi! pour courir le monde, pour s'amuser, pour avoir des aventures. Sur le moment, cette nouvelle m'amputa les bras et les jambes. S'il s'était trouvé devant moi, je me serais jeté à ses pieds, je l'aurais conjuré de rester, dans les termes les plus pathétiques; je l'aurais certainement attendri en lui démontrant l'odieux de sa conduite et l'isolement dans lequel il allait me laisser. Mais il était absent, le traître; il avait dépassé la frontière, le lâche; il se donnait des airs de touriste, en abusant de ma confiance et de ma sécurité!

Je courus après lui, je le rejoignis; et son étonnement égala son courroux. Il ne comprenait pas qu'il était devenu indispensable à mon existence; il me pria de le laisser tranquille. Le laisser tranquille! Cette parole acheva de me mettre hors de moi; ce que voyant, mon ennemi ne tarda pas plus longtemps à me provoquer. Je n'ai nul besoin de dire qu'il n'entrait pas du tout dans mes plans de lui ôter la vie; je l'aurais plutôt fait assurer par la Compagnie du Phénix. Nous nous battîmes cependant, mais j'eus le soin de me faire blesser, — ce qui, dans ma pensée, devait éterniser ma haine et la sienne.

O mon ennemi! que je te remercie! aurait dit Sedaine. Après ce duel, l'opinion se retourna en ma faveur. On me plaignit, on trouva que mon ennemi avait été trop loin; on estima qu'il était dur pour « un jeune homme de mon avenir » d'être, à ses débuts, en butte à des poursuites aussi acharnées. Il fut question de moi pour une mission et pour un consulat.

J'étais donc arrivé au comble de mes vœux : j'avais

un ennemi à perpétuité. Toutes mes attaques contre lui étaient justifiées dorénavant. — Hélas! combien je m'abusais! — Tout est instable en ce monde, je l'éprouvai à l'heure où je m'y attendais le moins et lorsque rien ne semblait devoir m'arracher à mon ennemi; c'est-à-dire après un superbe et effroyable article qui devait être pour moi et pour lui les vaisseaux brûlés de Cortez.

Mon ennemi ne se révolta pas, mais il prit un parti extrême.

Il alla à la Bourse, y gagna une fortune et se fit agent de change.

Du moment qu'il n'était plus homme de lettres, il était mort pour moi.

Telle est l'histoire de mon premier ennemi, que je regrette souvent, — et que je n'ai pas encore remplacé.

FIN

TABLE

L'ACADÉMIE.	1
LE SIÉGE DE LA REVUE DES DEUX-MONDES.	19
LA BIBLIOTHÈQUE.	35
LE VAUDEVILLE DU CROCODILE.	87
LES PASTILLES DE RICHELIEU.	97
LES DEUX DUMAS.	109
LES FILS.	125
QUATRE HOMMES ET UN CAPORAL.	137
LA POLICE LITTÉRAIRE.	149
L'ENFER DES GENS DE LETTRES.	165
LA SEMAINE D'UN JEUNE HOMME PAUVRE.	193
LE DUEL.	229
LA DISTRIBUTION DES PRIX DU CONCOURS.	247
MON ENNEMI.	259

www.ingramcontent.com/pod-product-compliance
Lightning Source LLC
Chambersburg PA
CBHW050328170426
43200CB00009BA/1502